A+K Weltenbummler - Bretagne

Wir, A+K Weltenbummler, mit Namen Angela und Klaus, verreisen für unser Leben gern und haben in den letzten 28 Jahren viel gesehen und erlebt, haben Länder und Menschen kennengelernt. Dabei bereisten wir von der Karibik bis zu den Philippinen und vom Nordkap bis nach Kenia unsere schöne Erde. Je nach Erreichbarkeit erlebten wir die besuchten Länder im Rahmen einer Pauschalreise, per Wohnmobil oder individuell organisiert. In unseren Reiseberichten sind unsere Erlebnisse, Abenteuer und Entdeckungen mit vielen Bildern und in kurzweiliger Form niedergeschrieben. Sie können für die eigene Reiseplanung herangezogen werden oder einfach nur in fremde Länder entführen.

Bretagne

Mit dem Wohnmobil
durch den Nordwesten Frankreichs

von
A+K Weltenbummler

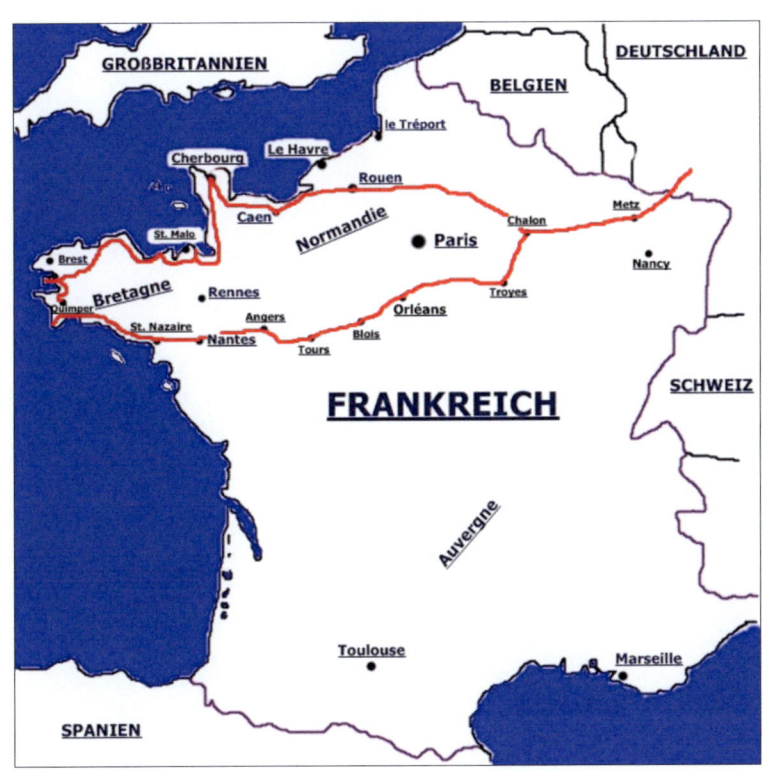

Bibliografische Information der Deutschen Nationalbibliothek:
Die Deutsche Nationalbibliothek verzeichnet diese Publikation
in der Deutschen Nationalbibliografie; detaillierte bibliografische
Daten sind im Internet über http://dnb.dnb.de abrufbar.

Herstellung und Verlag:
BoD – Books on Demand, Norderstedt

ISBN: 978-3-7357-7814-7

Nachdem uns im letzten Jahr die Normandie so gut gefallen hat, hatten wir beschlossen irgendwann einmal die Rundreise dort fortzusetzen, wo wir umkehren mussten. Wir wollten bei einer weiteren Rundreise mit unserem Bully die Bretagne erkunden, die ebenfalls sehr schön sein soll.

Nun ja, schon in diesem Jahr setzten wir diesen Plan in die Tat um. Allerdings wollte Klaus unbedingt noch einmal nach Cherbourg, um das U-Boot zu sehen, das wir im letzten Jahr nicht besucht hatten. Ich bin ja nicht abergläubig, aber es hat sich im Laufe der vielen Jahre, die wir nun schon gemeinsam Urlaub machen, heraus gestellt, dass wir an keinen Ort zweimal fahren dürfen. Das bringt nichts Gutes, in welcher Richtung auch immer. Damit fing dann auch das Dilemma an, das uns diese ganze Reise begleitete. Von diesem Moment an hatte ich kein gutes Gefühl mehr und es ging schon im Vorfeld einiges schief. Der Urlaub stand sogar auf der Kippe und ich fragte mehrmals, ob wir fahren wollen oder nicht. Klaus meinte, der Urlaub wird wie geplant durchgezogen. Aber davon später.

Die Bretagne – das Land der Kelten und Menhire, der Jakobsmuschel und des Salzes, die Heimat von Asterix und Obelix und der Hinkelsteine. Die Bretagne hat also einiges zu bieten. Vor allem fiel uns auf, dass die Bretonen sehr viel Wert auf gepflegte und bunte Gärten und Grünanlagen legen. Es gibt sogar Wettbewerbe um den am schönsten angelegten Ort und bis zu fünf Blumen auf dem Ortsschild zeigen dem Besucher, wie viel Arrangement die Bewohner in dieser Hinsicht zeigen.

Und noch eines fiel uns auf. Die Bretagne ist zweisprachig – französisch und bretonisch, das sich wohl aus der alten Keltensprache entwickelt hat. Die Einheimischen unterhalten sich untereinander zum Teil noch bretonisch, die Orts- und Hinweisschilder weisen beide Sprachen auf. Das fanden wir sehr interessant.

Was wir allerdings wenig aufregend fanden, waren die unzähligen Kreisverkehre, die uns schon in der Normandie Nerven kosteten. Die Bretonen können damit herzlich wenig anfangen. 85 Prozent der Autofahrer halten grundsätzlich vor dem Kreisverkehr an und warten, dass jemand vorbei fährt, auch wenn der noch so weit weg ist und inzwischen ein, zwei oder gar drei Auto´s in der Zeit hätten fahren können. Manche warteten sogar, bis sich auch wirklich niemand mehr im Kreisverkehr befand. So blieb es nicht aus, dass sich fast immer lange Stau´s bildeten. Außerdem waren die Preise im Vergleich zur Normandie im letzten Jahr 50 bis 100 Prozent höher. Ich weiß nicht, ob es daran lag, dass wir mitten in den französischen Ferien unterwegs waren oder ob es am Landstrich liegt, der doch sehr gut besucht wird. Zu der Zeit, in der wir jetzt unterwegs waren, waren jedenfalls fast überall Unmengen von Menschen ebenfalls unterwegs.

Eigentlich wollten wir erst am nächsten Tag fahren, doch da die Anreise diesmal doppelt so weit war wie die in die Normandie, fuhren wir heute schon los. Wir wollten so weit fahren, wie wir kommen. Wir fuhren immer Richtung Westen. Den ersten Teil des Weges kannten wir schon aus dem letzten Jahr – Saarbrücken, Metz, Verdun. Je nach dem, wie weit wir kommen würden, würden wir in St. Menehould oder nördlich von Paris kurz hinter Soissons in Attichy auf dem Campingplatz übernachten. Diese Plätze kannten wir auch schon aus dem letzten Jahr, sie sind gut und wir brauchten keine neuen Plätze zu suchen.

Kurz vor Verdun meinte Klaus plötzlich auf der Autobahn, dass sich der fünfte Gang nicht mehr einlegen lässt. Die Ursache könnte jede sein, bis hin zu einem kaputten Getriebe. Also holte uns das Unglück schon auf der ersten Etappe ein. Hoffentlich war es nicht das Getriebe. Dann wäre der Urlaub gleich gelaufen. Uns blieb nichts weiter übrig, als im vierten Gang bis nach St. Menehould zu fahren. Es war 19 Uhr, vier Stunden Fahrt lagen hinter uns. Die Temperatur lag den ganzen Tag weit über 30° C. In Europa herrschte gerade eine Hitzewelle.

Uns erwartete der gleiche Besitzer wie im letzten Jahr. Er spricht ein klein wenig deutsch und wir erzählten ihm, das unser Bus kaputt sei. Wir wollten wissen, wo eine Werkstatt ist, die uns vielleicht weiter helfen kann. Der Mann meinte, wir sollten uns am nächsten Morgen um 8 Uhr mit ihm treffen, er würde uns zur Werkstatt begleiten, die am anderen Ende des Ortes liegt.

Jetzt konnten wir nichts weiter tun, als Abendbrot zu essen, duschen zu gehen und anschließend einen Bummel durch St. Menehould zu machen.

St. Menehould abends

Als wir kamen und durch den Ort fuhren, herrschte noch rege Betriebsamkeit. Jetzt schlenderten wir durch ein verschlafenes Städtchen und schon passierte das nächste Malheur – ich blieb mit meinen Schlappen am Pflaster hängen und ein Schuh ging kaputt. Das konnte doch nicht wahr sein und ich musste barfuss zum Campingplatz zurück.

Jetzt am Abend kühlte es ganz leicht ab, nachts war es auszuhalten.

Durch den Termin um 8 Uhr hieß es für uns, schon um 7 Uhr aufzustehen. Das nennt sich nun Urlaub. Der Besitzer des Campingplatzes fuhr mit uns zur Werkstatt, der Meister nahm sich dem Problem erst persönlich an, dann schickte er einen Angestellten auf Probefahrt. Klaus fuhr mit. Nach einer Weile kamen sie wieder und der Angestellte meinte, es wäre alles in bester Ordnung. Der fünfte Gang geht rein wie geschmiert. Hat Klaus inzwischen das Auto fahren verlernt? Irgendwas stimmt doch hier nicht. Da wir nicht locker ließen, kam der Bus auf die Hebebühne. Dort wurde nach dem Schaltgestänge gesehen und siehe da, der Meister hatte Schwierigkeiten beim Schalten. Nach vielem Probieren fand er dann das Teil, was kaputt bzw. gar nicht mehr vorhanden war. Es war ein winziger Abstandhalter, der normalerweise dafür sorgt, dass der fünfte Gang richtig eingelegt werden kann. Gott sei Dank keine große Sache. Wir könnten weiterfahren, müssten aber ein bisschen den fünften Gang suchen. Bei der nächsten Gelegenheit sollten wir uns dieses Teil besorgen, da in dieser Werkstatt keines vorhanden war. Es war zwar eine VW-Werkstatt, doch da der Bus so alt ist, ist selbst solch ein kleines Teil Mangelware. Zumindest bekamen wir eine Zeichnung mit, auf der das Teil zu sehen ist, damit wir der nächsten Werkstatt zeigen könnten, was wir brauchen. Wir bedankten uns herzlich und konnten nach einer Stunde unsere Fahrt fortsetzen. Da wir noch nicht gefrühstückt hatten, suchten wir uns erst einmal einen Parkplatz. So sehr wir auch suchten, wir fanden keinen Parkplatz abseits der Straße. Alle ausgeschilderten Parkplätze waren Parkbuchten direkt neben der Straße. Wir kochten uns einen Kaffee und ließen uns endlich mal wieder echte französische Croissants schmecken. Dabei sammelten wir Kraft für die nächsten Stunden Fahrt, immer noch weiter nach Westen über Reims, Rouen, Caen bis zum Utah-Beach. Es war eine lange und heiße Fahrt, die Sonne brannte und es waren wieder weit über 30° C. Vielleicht haben wir diesmal wettermäßig Glück, denn die Hitzewelle sollte noch ein paar Tage dauern.

Frühstück nach einem aufregenden Morgen

Da wir durch den Zwischenfall mit dem Bus etwas in der Zeit zurück lagen, entschieden wir erst in Caen, ob wir nach Cherbourg fahren oder ob wir aus Zeitgründen direkt in die Bretagne weiterfahren. Es war wirklich eine harte Tour und wir erreichten Caen gegen 16 Uhr. Damit lagen wir wieder gut in der Zeit und Klaus bekam doch noch die Möglichkeit, sich das U-Boot in Cherbourg anzusehen. Also bogen wir in Caen auf die Halbinsel Cotentin ab, an deren nördlicher Spitze Cherbourg liegt.

Am Utah-Beach im Südwesten von Cotentin suchten wir einen Campingplatz zum Übernachten. Wir sind ganz in der Nähe von St. Mere-Eglise, wo der Fallschirmjäger „Big Jim" am Kirchturm hängt. Ihn hatten wir schon bei der Normandie-Rundfahrt besucht. Utah-Beach stand damals nicht auf der Liste, da wir uns schon die anderen Abschnitte der Landungsküste vom D-Day angesehen hatten. Dafür hatten wir jetzt Gelegenheit, uns hier umzusehen. Bis Cherbourg waren es noch rund vierzig

Kilometer und wir werden vielleicht morgen Abend dort anknüpfen können, wo wir im letzten Jahr umkehren mussten, am Cap Frehel. Dann sind wir wieder im Plan.

Am Utah-Beach landeten am 6. Juni 1944 die Fallschirmeinheiten der Alliierten bei der großen Landung am D-Day. Dementsprechend gibt es auch hier ein Museum und Denkmäler für die gefallenen Soldaten. Nachdem wir unseren Stellplatz auf dem Camping d´Utah Beach bezogen hatten, spazierten wir an den Strand. Der Wind wehte hier recht kühl um die Ecke. Wir waren an der See.

Wie nicht anders zu erwarten war, hatte sich das Wasser wieder weit zurück gezogen, als wir kamen. Wir mussten einige Schritte gehen, um die Wasserlinie zu erreichen. An der spazierten wir dann entlang Richtung Museum.

Wir bemerkten sehr schnell, dass das Wasser im Begriff war, sich mit einem Affenzahn den Strand zurück zu erobern. Beim Spazieren gehen hatten wir fast immer den Blick nach unten gerichtet, am Strand gibt es immer etwas zu entdecken. So stießen wir auf eine noch lebende Herzmuschel und dann gleich noch eine. Es waren die ersten Herzmuscheln, die wir überhaupt gefunden hatten. Da kamen wir auf die Idee, nach weiteren Muscheln Ausschau zu halten und sie uns zum Abendbrot schmecken zu lassen. Allerdings waren wir nicht die einzigen Muschelsucher und so hielt sich die Ausbeute in Grenzen. Wir fanden jedoch nicht nur direkt an der Wasserlinie welche, sondern auch im nassen Sand. Dort verrieten uns kleine Fontänen, wo sich die Muscheln befinden. Das war recht lustig, denn diese Fontänen waren klein und tauchten immer wo anders auf. Wir mussten uns auf dieses Spiel einlassen, wollten wir Erfolg haben. Am Ende hatten wir immerhin dreißig Stück.

unser Campingplatz

der Strand von Utah Beach

Auf dem Rückweg besichtigten wir das beeindruckende Denkmal, das Museum hatte inzwischen geschlossen.

das Denkmal mit den Namen der
an der Landung beteiligten Schiffe
und Einheiten

eine der Gedenktafeln
für die bei der Landung
versenkten Schiffe

Auf dem Campingplatz zurück, wässerten wir die Muscheln erst einmal, damit sie sich des Sandes entledigen, der sich in den Schalen verbirgt, dann dünsteten wir sie kurz. Zusammen mit Butterbrot schmeckten sie richtig lecker. Das ist Urlaub, wie wir ihn lieben.

Da wir heute noch einiges vorhaben, standen wir schon gegen 8 Uhr auf. Einhundertachtzig Kilometer Umweg plus U-Boot- und Aquariumsbesuch wollen bewältigt werden. Bis Cherbourg waren es noch vierzig Kilometer, die wir auf der Schnellstraße wie im Fluge hinter uns brachten. Diesmal wussten wir auch, wie wir zum Museum „La Cité de la Mer" fahren müssen.
Zuerst besuchten wir das Aquarium mit dem welttiefsten Becken, das sich über drei Etagen erstreckt. Wir konnten uns über alles, was man über Meeresbewohner, Fischerei und Taucherei, Tiefsee und auch den Weltraum sowie die Forschung in diesen Bereichen wissen muss, informieren. Denn unsere Welt ist ein Ganzes und funktioniert ein Teil davon nicht mehr, hat das Auswirkungen auf alle anderen Bereiche.
Doch von dem Riesenbecken waren wir etwas enttäuscht. Es soll ein tropisches Riff mit seinen Bewohnern darstellen, doch die allermeisten Korallen waren abgestorben. Nur ein paar kleine Anemonen lebten noch. Die tropischen Fische, zum größten Teil verschiedene Doktorfische, sahen dadurch nur noch halb so schön aus. Wir als Taucher wissen, wovon wir sprechen. Allerdings war dieses Aquarium das bisher einzigste Aquarium, das mit einer Chimäre aufwarten kann, einem geheimnisvollen Wesen der Tiefsee, das erdgeschichtlich sehr alt ist und als Knorpelfisch zu der Familie der Haie und Rochen zählt.
Außerdem beherbergt es so seltene Fische wie Geistermuränen, Röhrenaale und Schaukelfische, die wir ebenfalls noch in keinem Aquarium gesehen haben. Es ist sehr interessant gemacht und ein Besuch lohnt in jedem Fall.

Langnasen-Doktorfisch

Röhrenaale

Garnele

Unser nächster Besuch galt dem weltgrößten, öffentlich zugänglichen Atom-U-Boot, der „Le Redoutable". Wir waren positiv überrascht, als wir ein Tonband erhielten, mit dessen Hilfe wir in deutscher Sprache durch das Boot geführt wurden. Dadurch erfuhren wir, das dieses U-Boot einhundertsiebenundzwanzig Mann Besatzung hatte, wovon fünfzehn Offiziere waren. Arzt, Koch, Bäcker, eben alles, was man so braucht, wenn man lange Zeit von der Welt abgeschnitten ist. Der Betrieb lief in drei Schichten: acht Stunden Schlafen, acht Stunden Dienst und acht Stunden Weiterbildung, Waffenpflege usw. Auf die Freizeitgestaltung wurde viel Wert gelegt, denn in der Enge und Abgeschiedenheit des Bootes blieben Rangeleien nicht aus.

Bestückt war die „Le Redoutable" mit sechzehn Atomraketen, wovon zwei zusammen die Kraft der Hiroshima-Bombe hatten. Im Falle eines Falles und dem Befehl des Präsidenten wären alle sechzehn Raketen auf ein Ziel abgefeuert worden. Man stelle sich das einmal vor, die achtfache Kraft der Hiroshima-Bombe auf einem Fleck. Dabei fliegen die Raketen mit einer Geschwindigkeit von fünfzehntausend Kilometern in der Stunde.

Damit der Kapitän, aus welchen Gründen auch immer, nicht Amok läuft, hat er einen Code für den Abschuss der Raketen, ein zweiter Offizier einen anderen und beide Codes müssen vom Präsidenten freigegeben werden. Erst dann war es möglich eine Rakete abzufeuern.

Das U-Boot wird von sehr viel Technik beherrscht, hat ziemlich viele Decks, Offiziers- und Mannschaftskabinen, die Messe, eine Arztpraxis mit Operiermöglichkeit, wobei sich die Operationsliege auch zu einem Zahnarztstuhl umfunktionieren lässt. Nicht zuletzt ist da noch der Torpedoraum mit dem Torpedolager. Die Torpedos haben sechzehn Kilometer Reichweite und sind zehn Meter lang.

Das Herzstück des U-Bootes, der Atomreaktor, liegt geschützt im unteren Teil des Bootes und hat nur ein Bedienfeld auf einem der oberen Decks.

die „Le Redoutable"

die Schaltzellen für die Raketen

Technik wohin man sieht

der Aufenthaltsraum der Offiziere

einer der Versorgungsräume

Nach diesem Abstecher fuhren wir nach Dol weiter. Dort hatten wir uns im letzten Jahr den Klosterberg angesehen und erfahren, dass es einen Menhir geben soll. Doch den hatten wir nicht gefunden. Diesmal hatte ich eine genauere Beschreibung über den Standort und wollte noch einmal versuchen, ihn zu finden. Nach meinen Angaben steht der Menhir zwei Kilometer südlich des Ortes Dol und der befindet sich etwas südlich des Berges Dol. Das war neu für uns. Als wir in den Ort kamen, war der Menhir du Champ-Dolent dann ausgeschildert. Es war zwar trotzdem noch eine knifflige Sache, aber wir fanden ihn.

Er ist riesig, mindestens 8 Meter hoch und noch vollkommen unbeschädigt. Wie haben die Leute damals diesen Stein hierher bekommen, aufgestellt und eingebuddelt?

der Menhir du Champ-Dolent bei Dol

Wir bestaunten ihn eine Weile und fuhren dann weiter nach Cancale, wo wir im letzten Jahr von den Austern so begeistert waren. Wir wollten uns diesmal wieder welche gönnen. Wieder standen wir vor den Auslagen und konnten uns nicht entscheiden. Man kann ja nicht in die Austern hinein schauen. Dann holten wir uns jeder sechs Stück, ich die mittlere Größe, Klaus die Großen. Wir setzten uns wieder auf die große Treppe und schlürften unsere Austern. Doch diesmal waren sie einfach nicht so lecker. Ich will nicht sagen, dass sie nicht schmeckten, aber irgendwie fehlte die Finesse.

Austernmarkt in Cancale

Bevor wir morgen endlich dort anschließen können, wo wir im letzten Jahr aufgehört hatten, mussten wir noch einmal übernachten. Wir suchten uns kurz vorm Cap Fréhel, in St. Cast einen Campingplatz. Das war mit Abstand der teuerste Campingplatz, den wir besuchten. Wir bezahlten 25,50 € und die Sanitäranlagen waren eine Frechheit für das Geld.

Von Cherbourgh aus wollten wir tanken fahren, es war Sonntag. Wir hatten zwar gestern schon getankt, aber durch die weite Strecke nach Cherbourgh war schon wieder einiges aus dem Tank raus. Jetzt mussten wir bei der erst besten Gelegenheit nachfüllen. Wir fuhren Kilometer um Kilometer, doch wir fanden nur die kleinen Selbstbedienungs-Tankstellen ohne Kassierer. Dort war es nur möglich, auf irgendeine französische Tankkarte zu tanken, die wir nicht hatten. Das gleiche Problem hatten wir schon bei der Normandie-Rundfahrt. Doch manchmal lässt es sich nicht vermeiden, am Wochenende tanken zu müssen.

Als wir schon kurz vor der Verzweiflung waren, fanden wir endlich eine ganz kleine Tankstelle, die damit warb, jeden Tag auf zu haben und das stimmte. Ein alter Man betrieb sie. Wenigstens konnten wir jetzt ohne Spritsorgen weiterfahren.

Vor dem Abendbrot spazierten wir durch den Ort St. Cast. Alles war „sauteuer", da verging uns der Appetit auf irgendwas, aber wir hatten sowieso noch zu Essen im Bus, das musste erst einmal alle werden. Morgen geht es in den Supermarkt.

St. Cast hat einen schönen Strand, aber alles ist reglementiert. Das Wetter war den ganzen Tag durchwachsen, hier und da hat es genieselt. Es ist kühl geworden.

Ab heute können wir uns endlich Zeit lassen, den Urlaub genießen, denn nun lagen wir im Zeitplan.

Nach dem Frühstück gingen wir über den Markt, der sich direkt gegenüber dem Eingang des Campingplatzes aufgebaut hatte. Klamotten, Schmuck, Reinigungsmittel, Lebensmittel, nichts, was es nicht gab. Hier bekam ich ein tolles Schmuckset, fast geschenkt, einer Hochzeitfeier, auf die wir nach dem Urlaub wollten, würdig. Ein paar Schlappen für die warmen Tage habe ich auch bekommen. Weiter kauften wir noch ein paar Kirschen, Pfirsiche und Kartoffeln. Die vielen Menschen, die sich auf diesem Markt drängten, kauften als gäbe es kein Morgen. Wahnsinn, was hier los war.

Wochenmarkt in St. Cast

Eigentlich wollte ich mir noch den Ort Sables d´Or-les-Pins ansehen, doch das schenkten wir uns jetzt. Stattdessen fuhren wir gleich weiter nach Erquy, der Hauptstadt der Jakobsmuschel. Außerdem soll hier das Dorf gestanden haben in dem Asterix lebte. In dem ersten oder einem der ersten Asterixhefte war eine Landschaft gezeichnet, die dem Cap von Erquy mehr als nahe kommt. Das wollten wir uns ansehen.

Wir stellten den Bus im Zentrum am Strand ab und spazierten um diesen herum zum Hafen. Auf einer Infotafel konnten wir sehen, dass ein Weg vom Hafen auf das Cap führt und sich dort oben ein Rundweg befindet.

Das Wasser hatte sich aus der halben Bucht zurück gezogen, Muschelsammler waren unterwegs.

der Strand von Erquy

Hinter dem Fischereihafen war für uns Schluss, das war Betriebsgelände, da kamen wir nicht weiter. Wir konnten auch keinen Weg nach oben finden. Also drehten wir um und schlenderten an den Kneipen entlang zurück, um vielleicht an ein paar Jakobsmuscheln zu kommen, wenn wir uns schon in der Hauptstadt der Jakobsmuschel befinden.

Gleich im ersten Restaurant kehrten wir ein. Wir konnten schön draußen sitzen, denn obwohl die Sonne nicht schien, war es angenehm warm. Wir bestellten irgend etwas mit Jakobsmuscheln und Thymian, den Rest konnten wir nicht lesen, eine Überraschung für ganze 17,50 € pro Portion.

Während wir auf das Essen warteten, sahen wir noch einmal zur Wasserlinie. Das Wasser zog sich immer noch weiter zurück. Als wir mit Essen fertig waren, waren es achtzig bis einhundert Meter mehr Strand, der frei lag.

Dann kam das Essen. Wir hatten jeder einen Grillspieß mit sechs oder sieben mit Lauch umwickelten Jakobsmuscheln, je einer Perlzwiebel, Cocktailtomate, kleine Garnele, kleine lila Kartoffel sowie ein kleines Stück Artischocke, Möhrenmus und Zitrone. Das war's. Bon Appetit. Preis-Leistungsverhältnis – na ja. Aber es hat hervorragend geschmeckt. Nur wo war der Thymian, oder was heißt auf deutsch „Thym"?

Auf dem weiteren Rückweg fanden wir in einer Querstraße ein Schild, das den Fahrweg zum Cap wies. So gingen wir den Bus holen und fuhren dem Schild nach auf dem Berg. Oben angekommen, stellten wir den Bus ab und wandelten auf Asterix´ Spuren, einem großen mit Erika und Dornengestrüpp bewachsenen Plateau. Vor einer der Felszungen liegen drei kleine Felsinseln im Wasser, genau wie in der Zeichnung des Asterix-Heftes. Zwischen den Felsnasen mehrere sandige Strände.

Cap Erquy

Erika und Stachelgestrüpp
auf dem Plateau

Es fing an zu regnen und wir spazierten den Rundweg zu Ende. Halb nass stiegen wir in den Bus. Auf halbem Weg führt ein kleiner Pfad an die Steilküste. Von dort oben hat man einen schönen Blick über Erquy und das Meer.

der Hafen von Erquy

Wir fuhren weiter über St. Brieuc nach Binic. Binic gibt es schon seit der Römerzeit und soll mit schönen, mittelalterlichen Reederhäusern glänzen, haben wir in einem Reiseführer gelesen. Wir parkten den Bus auf einer Mole und spazierten den Hafen und die Gassen entlang, aber auffällig schöne oder anders aussehende Häuser konnten wir keine entdecken. Der Ort ist genauso hübsch wie alle anderen.

das Freibad von Binic ist
nur bei Ebbe zu benutzen

die Stadt Binic

In Lanloup weiter nördlich fuhren wir einen Campingplatz an, der mitten im Nirgendwo lag. Kein Ort, kein Strand, nichts, dafür 21,- €, nee. So fuhren wir weiter und wollten es in Plouezec versuchen, doch der Weg war uns durch die Feuerwehr versperrt, die gerade mindestens einen Toten weg gebracht hat, ein Hausbrand. Also weiter suchen.

Im nächsten Ort fanden wir einen zwei-Sterne-Platz, ruhig, klein, gemütlich, mit Meerblick und für 13,70 €. Für den Schlüssel, der uns Zugang zu den Sanitäranlagen, dem Stromkasten und die Schranke verschafft, sollten wir allerdings 30,- € Kaution hinterlegen. So etwas hatten wir ja noch nicht gehört. Die Anmeldung ist eine winzige Hütte, in der eine Frau saß. Abends ist sie wahrscheinlich verschwunden. Egal, es gefiel uns dort und wir blieben.

Nachdem wir uns eingerichtet hatten, starteten wir zu einem Bummel Richtung Meer. Es war allerdings zu weit weg und so sahen wir uns ein paar Häuser und Gärten an. Wir waren überrascht, was hier alles wächst – 3,50 m hohe Yuccapalmen als Büsche oder als 5 m hohe Stämme, Feigenbäume, voll mit Früchten, Mimosen, Eukalyptusbäume – wo sind wir? Unglaublich, dank des Golfstromes ist so etwas möglich. Diese südlichen Pflanzen wachsen hier noch üppiger als in der Normandie.

tropische Vegetation am Ärmelkanal

Die Kirschen vom Markt, die wir zum Abend aßen, waren äußerst lecker.

Es regnet immer wieder, heute ist es noch kühl dazu. Unser nächstes Ziel war Paimpol. Hier kann man in den engen und verwinkelten Gassen noch mittelalterliches Flair spüren. Während wir Paimpol besuchten, war auch noch Markttag und es waren Menschen ohne Ende unterwegs. Hier und da unterhielten Dudelsackmusikanten oder mittelalterliche Minnesänger die Passanten, die zu ihren Zuhörern wurden. Sogar einen irischen Laden mit einer Menge Whiskey-Sorten, Schafwollsachen und allerlei anderen irischen Spezialitäten fanden wir.

Den Hafen haben wir links liegen lassen, durch den haben wir uns schon auf der Suche nach einem Parkplatz gekämpft.

Weiter nach l´Arcouest, von wo aus man auf die Insel de Bréhat fahren kann. Der riesige Parkplatz vorm Ort war rappelvoll. Die wollten doch nicht alle auf die Insel? Wir nahmen von einem Besuch dieses Ortes Abstand und genossen nur die Aussicht auf das Meer mit den unzähligen Felsen im Wasser. Die ganze Bucht ist voller Felsen.

die Bucht von l´Arcouest

Hier beginnt die Rosa-Granit-Küste, bezeichnet nach dem rosafarbenen Granit, der diesen Küstenabschnitt beherrscht.

Tréguier zeichnet sich durch die alten Fachwerkhäuser aus, die noch heute rund um den historischen Marktplatz stehen. Teile der alten Stadtmauer sind ebenfalls zu bewundern.

Tréguier - hier ist noch das Mittelalter präsent, zumindest bautechnisch

hübsche Kleinode   die Bretagne ist zweisprachig

Gegenüber der Altstadt ligt ein Zulauf zur Meeresbucht Jaudy. Der Zulauf ist nach der Karte ein Fjord, der keine zehn Kilometer lang ist. Anscheinend wird dieses Gebilde nur durch die Flut befüllt. Im Moment jedenfalls lief gerade mal ein Rinnsal durch das Bett.

Unser nächstes Ziel war Penvenan. Den Ort gibt es auf meinen Karten nicht, daher habe ich einen Kartenausschnitt aus dem Internet zu Hilfe genommen, um Penvenan zu finden. Hier soll ein Hinkelstein von 4,20 m Höhe stehen. Einer anderen Quelle zufolge soll es einen Steinmetz geben, der Obelix mit einem Hinkelstein in Stein gehauen hat. Das vorweg, den haben wir nicht gefunden.

Bevor wir uns auf die Suche begaben, kamen wir an einem Supermarkt vorbei, in dem wir Zutaten für einen Gemüseeintopf am Abend kauften. Zudem lud uns eine Créperie ein, einzukehren. Wir folgten diesem Ruf und bestellten, wenn wir schon in solch einem tollen Ambiente saßen, den Spezialcrépe „normannisch" mit Vanilleeis und mit Calvados flambiert. Das war echt lecker.

Danach fuhren wir dreimal durch Penvenan. Durch die vielen sternförmig zulaufenden Straßen im Ort ist kaum eine Orientierung möglich. Wir fanden keinen Hinkelstein, doch endlich eine Touristinfo. Wir fragten und bekamen eine Karte. Da sind zwei Hinkelsteine drauf. Einer davon befindet sich direkt in der Nähe. Der ist zwar keine 4 m hoch und steht in einem Vorgarten.

ein Hinkelstein im Vorgarten

auch hier wieder tropische Pflanzen

Der zweite Hinkelstein, oder Menhir, soll ein bis zwei Kilometer außerhalb des Ortes stehen. Wir fuhren entsprechend der Karte, doch fanden wir an der Stelle, wo der Menhir stehen soll, nur zugewachsene Privatgrundstücke, kein Menhir. Na dann eben nicht.

Auf der Karte der Touristinfo war auch ein Campingplatz an einer Düne nahe Port Blanc verzeichnet. Den fuhren wir an, denn für einen weiteren Besuch touristischer Attraktionen reichte die Zeit heute nicht mehr.

Wir hatten sogar Glück und erwischten wieder einen Gemeindeplatz. Die sind immer ganz ordentlich und günstig. Für 12,10 € konnten wir hier stehen und nicht für über 20,- €.

Der Wind bläst kräftig und es regnet immer noch immer wieder. Wir kochten Kaffee und machten Pause bevor wir die Bucht erkundeten. Uns erschlossen sich schöne Aussichten mit Felsen und Inseln, die normalerweise mitten im Wasser stehen und jetzt zu Fuß erreichbar sind.

les Dunes bei Port Blanc

auf dem Weg nach Port Blanc

Wir wollten auf die vorgelagerte Insel als wir feststellten, dass das Wasser in einem Affentempo zurück kommt. Also ließen wir das sein und spazierten immer an der Wasserlinie entlang, später kletterten wir über große Felsformationen aus Granit, dann die Mauerkrone entlang bis nach Port Blanc. Dort konnten wir sehen, dass ein paar Leute zu spät versucht hatten, eine andere vorgelagerte Insel zu verlassen. Sie standen bis zum Bauch im Wasser.

Kleine weiße Boote lagen in der Bucht, die ebenfalls sehr schöne Aussichten bot.

Port Blanc

wirklich und leibhaftig - Eukalyptus

Dann spazierten wir die Straße wieder zurück zum Campingplatz, Zum Abendbrot machten wir uns die Gemüsesuppe mit Hühnerkeulen und ließen den Tag ausklingen. Der Wind ließ nach, war dann kaum noch vorhanden, das Wasser hatte die Mauerkrone erreicht, der Sonnenuntergang kurz nach 22 Uhr war nicht schlecht. Vielleicht wird es morgen besser, das Wetter.

Wir saßen auf der Mauerkrone, doch kaum, dass das Wasser oben angelangt war, zog es sich schon wieder zurück. Das hat aber auch ein unruhiges Leben.

Sonnenuntergang in der Bretagne

Als sie Sonne im letzten Stück hinter einer Wolkenbank verschwand, mussten wir unseren Platz räumen, da plötzlich Heerscharen von Fliegen an uns vorbei zogen. Es ging erst langsam los, doch bald wurde es unangenehm. Minutenlang zog ein Band von Fliegen von rechts nach links und es wurden immer mehr. Wo kommen die denn bloß alle her und wo wollen die hin?

In der Nacht hat es lange geregnet, doch frühstücken konnten wir nun draußen.
Über Perros-Guirec erreichten wir Ploumanac´h. Diese Endung weißt auf einen bretonischen Namen hin. Wir haben sie von hier an des öfteren bei Ortsnamen gesehen.
Ploumanac´h liegt geschützt in einer kleinen Bucht, die über und über mit großen und kleineren Monolithen übersät ist. Man ist direkt überwältigt, wenn man sich in dieser Bucht befindet, die zugleich eine Badebucht mit feinem Sand ist. Die Felsbrocken sind an Land wie im Wasser verteilt, auf einer vorgelagerten Insel steht ein Haus.
Die kleinen, alten Häuschen des Ortes, die direkt an der Bucht liegen, sind meist von alten Menschen bewohnt. Die jungen Leute fühlen sich in den beengten Verhältnissen nicht mehr wohl und ziehen in modernere Häuser oder ganz weg. Überall findet man neu gebaute Eigenheime.

die Bucht von Ploumanac´h

atemberaubend schön

Im nächsten Ort Trégastel-Plage findet man noch mehr Felsen, die sogar Formen und Köpfe haben sollen. Wir haben zwar viele Felsformationen gefunden, doch die Formen und Köpfe nicht.

in der Bucht von Trégastel-Plage

Dafür sind wir auf ein bemerkenswertes Aquarium gestoßen. Es ist direkt in die Hohlräume gebaut, die die Felsformation bietet, in die es gebaut ist. Das Aquarium beherbergt Fische und Meerestiere, die in den hiesigen Gewässern beheimat sind: Pollack, Dorsch, Seespinnen, Katzenhaie, Rochen, Plattfische, Garnelen, Hummer usw. Vor allem ist die Anlage einmalig, das ist ´mal was ganz anderes. Sie ist in mehrere Gruppen unterteilt, je nach dem, wie die Höhlen es zulassen. Also muss man, um von einer Höhle in die nächste zu gelangen, an die frische Luft. Bei einem solchen Durchgang mussten wir feststellen, dass es schon wieder regnete.
Vom Aussichtspunkt der Anlage hat man einen weiten Blick über die Landschaft und das Meer.

 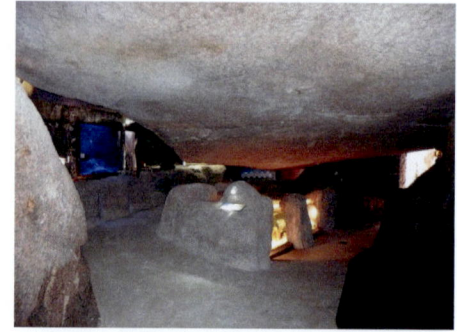

das bemerkenswerte: das Aquarium ist die Hohlräume einer Felsformation gebaut

das Wahrzeichen der Bretagne: die Jakobsmuschel   Rochen und Knurrhahn

Jetzt hatten wir Hunger und Appetit auf einen Crépe. Wir holten uns in einer kleinen Bude am Strand frisch bereitete Crépes, ich mit Nutella gefüllt, Klaus mit Aprikosenkonfitüre. Trotz des Regens ließen wir sie uns schmecken.

Im Bus hatten wir noch zwei Pfirsiche von gestern. Die mussten jetzt auch dran glauben. Nach dieser Stärkung fuhren wir weiter Richtung Penvern. Auf dieser Straße biegt ein kleiner Weg zum Monolithen von St. Uzec, der von Christenmenschen, wie die Bretonen sagen, verunstaltet wurde, um ihm die angeblich bösen Kräfte zu nehmen. Der Monolith ist acht Meter hoch und mit christlichen Zeichen verziert.

der „verunstaltete" Menhir von St. Uzec

Nach dieser Besichtigung fuhren wir weiter nach Lannion. Eigentlich wollten wir uns die Kirche Brélévenez ansehen, die im 12. Jahrhundert von den Templern gegründet wurde, doch wir hatten ein für uns wesentlich interessanteres Ausflugsziel gefunden. In einer der Touristinfo´s lag ein Prospekt aus, dass zu einem Besuch einer Whisky-Destillerie einlud. Diese Destillerie „Warenghem" liegt im Süden von Lannion. Ende des 19. Jahrhunderts kam die schottische Familie Warenghem nach Lannion und machte diese Destillerie auf. Sie stellten zuerst Liköre aus Früchten und Planzenextrakten her, später wurde daraus „Der Bretonische Whisky".

Da wir kurz gegen 14.30 Uhr in Lannion eintrafen, mussten wir bis 15 Uhr warten. Dann sollte die Destillerie nach der Mittagspause wieder aufmachen. Also schlugen wir die Zeit im benachbarten Gewerbepark tot. Doch irgend etwas stimmte nicht, es war viel zu ruhig. Es war kein Mensch da, in keiner Firma war Betrieb und das mitten in der Woche. Das war komisch.

Pünktlich um 15 Uhr standen wir wieder vor der Destillerie, doch das Tor öffnete sich nicht, auch nach einer viertel Stunde nicht, niemand war da. Haben die Franzosen heute Feiertag? Na toll. Da haben wir ja auch wieder mit dem Tanken ein Problem. Heute Vormittag waren wir noch an der Küste, da tobte das Leben und hier, alles zu. Man muss wirklich immer tanken, auch wenn der Tank noch halb voll ist, um genug Reserve zu haben. Wir wollten ja noch ein gutes Stück fahren. Für morgen zum Frühstück konnten wir auch nichts mehr kaufen. Lustig.

Uns blieb nichts weiter übrig, als nach Morlaix Richtung Süden weiter zu fahren. Somit verließen wir entgültig die nördliche Küste der Bretagne.

Direkt in der Stadtmitte von Morlaix spannt sich ein großer Eisenbahn-Viadukt mit vielen Bögen und zwei Etagen, von einer Seite zur anderen. Morlaix liegt in einem Tal. Oben auf der Brücke fährt die Eisenbahn, auf der Etage darunter kann man spazieren gehen und die Stadt bewundern. Wir stellten unseren Bus am Hafen ab und gingen den Rest zu Fuß. Je näher wir dem Viadukt kamen, um so gewaltiger wurde er. Er dominiert Morlaix, doch die schmucken alten Häuser der Stadt lassen sich anscheinend davon nicht unterkriegen. Es ist ein seltsam harmonisches Ensemble.

Über eine alte Treppe erreichten wir die untere Etage und spazierten dort durch die Türöffnungen in den Pfeilern auf die andere Seite. Richtung Norden liegt der Hafen, Richtung Süden die Stadt, rechts und links Berge.

Hier und da sind alte Bilder der Stadt aufgestellt, die zeigen, das der Fluss einst bis an diese Brücke reichte. In der neueren Zeit ist das letzte Ende dieses Flusses zugeschüttet und mit einem Park und Parkplatz überbaut worden.

der Eisenbahn-Viadukt von Morlaix

auf dem Fluss gefunden

auf dem Viadukt

Blick Richtung Hafen

Blick Richtung Marktplatz

in der Altstadt von Morlaix

Nachdem wir den Viadukt überquert haben, spazierten wir durch die engen Gassen der Altstadt, die sich durch die sogenannten „Laternenhäuser" auszeichnet. Das sind Fachwerkhäuser mit nach oben hin immer weiter auskragenden Giebeln, an denen Laternen hängen, die damals aus Spanien importiert wurden. Manche dieser alten Fachwerkhäuser stammen wohl aus dem 16. Jahrhundert oder noch früher. Durch die auskragenden Giebel werden die ohnehin schon engen und dunklen Gassen noch dunkler. Das sieht zwar toll aus, aber wohnen möchte ich hier nicht.

In Morlaix liefen gerade die Vorbereitungen für die Festlichkeit zum Feiertag, die anscheinend am Abend steigt. Es wurde gerade eine Bühne aufgebaut und lautstarke Musikproben zogen die ersten Besucher an. Als wir jedoch auf der einzig möglichen Straße die Stadt verlassen wollten, wurde diese gerade gesperrt. Über ´zig Umleitungen waren wir gezwungen, wieder auf die große Straße im Norden zu fahren, die wir gekommen waren und unsere Fahrt über den Ring Richtung Camaret fort zu setzen.

Auf der Strecke liegt allerdings noch ein Aussichtspunkt, in den augenscheinlich recht hohen Arrée-Bergen, der Roc´k Trévézel. Wir stellten den Bus auf dem kleinen Parkplatz ab. Der Wind war inzwischen heftig und wir zogen uns etwas wärmer an. Gerade in dem Moment, in dem wir los wollten, um den Berg zu besteigen, fing es an zu regnen. Wir warteten einen Moment, aber es hatte sich eingeregnet. Es hatte keinen Zweck. Wind, Regen und die tiefhängenden Wolken ließen es nicht zu, uns auf den Weg zu machen, schade. Von dort oben hat man bestimmt einen tollen Blick auf das umliegende Land mit dem großen See St. Michel.

Kurz hinter dem Aussichtpunkt liegt der Berg Mt. St. Michel. Darauf steht ein kleines Kloster. So hat der berühmte Felsen zwischen der Normandie und der Bretagne, den wir im letzten Jahr besucht hatten, auch einmal angefangen. Leider verhinderte der Regen, wenigstens ein paar Bilder von der herrlichen Landschaft zu machen. Es wären bestimmt schöne Aufnahmen gewesen.

Es war kurz vor 18 Uhr, doch hier brauchen wir keinen Campingplatz anfahren. Man kann ja nichts machen außer die ganze Zeit im Bus zu sitzen, also fuhren wir zur Küste weiter und hofften, das sich das Wetter bessert.

Während wir so die Kilometer abspulten, machte sich erst ein leises, dann immer stärker werdendes, später stark schepperndes Geräusch unter dem Bus bemerkbar. Heute Nachmittag hatte Klaus noch gesagt, dass mit dem Bus nichts passieren darf, denn heute ist Feiertag, schon haben wir die Bescherung. Klaus sah alles nach, wir mussten sogar den Bus ausräumen, damit er an den Motor kam, dann meinte er, dass er nichts finden könne. Es wäre alles in Ordnung. Beim Wackeln an den Unterbodenteilen hat es zwar genauso gescheppert, wie beim fahren, doch es ist angeblich alles ihn Ordnung. Na wenn er meint?!

Bis Camaret waren es noch gute dreißig Kilometer, wir werden langsam fahren.

Kurz hinter Le Faou, das am Ende eines Fjordes liegt, lag ein großes Schlachtschiff der Marine und irgend ein anderes, kleineres Boot. Das interessierte uns. Wie kamen wir dort hin? Klaus meinte, etwas von einem Marine-Museum gelesen zu haben.

Ein Stück weiter wurde gerade eine neue Hängebrücke über die Aulne gebaut, es fehlen nur noch ein paar Meter, bis sich beide Seiten Treffen. So etwas sahen wir zum ersten Mal. Wir hielten an und machten ein paar Foto´s.

Neubau einer Hängebrücke bei Le Faou

In Crozon fanden wir noch eine VW-Audi-Werkstatt. Die müssen wir morgen ´mal besuchen.

Dann kamen wir nach Camaret und fuhren dem erst besten Campingplatz-Schild hinterher. Doch das führte uns von Camaret weg in den nächsten Ort. Jetzt war eh alles egal, die Hauptsache war, endlich stehen zu bleiben.

Der Platzwart wollte 20,86 € haben, ganz schön teuer. Der Wind nahm immer noch zu. Wir suchten uns einen Stellplatz und kochten erst einmal eine schöne warme Suppe. Nach dem Essen wollten wir zum Wasser, das sich gleich auf der anderen Straßenseite befindet, und den hohen Wellengang fotografieren. In dem Moment fing es an zu schütten, unglaublich, Wir mussten Schutz in der Rezeption suchen, der an kleines Restaurant angeschlossen ist. Da sprach uns eine Frau auf deutsch an und erzählte, dass es nun schon seit zwei Tagen so geht und morgen soll es auch noch so bleiben. Es ist die Zeit der Springflut, da ist das Wetter immer so schlecht. Damit wurde wieder das schlechte Timing dieses Urlaubes bestätigt.

ein Moment der Ruhe an einem
wettermäßig sehr schlechten Abend

Eigentlich waren wir nach Camaret gekommen, um tauchen zu gehen, doch bei diesem Wetter fährt wohl keiner raus.

Klaus trank noch in Ruhe ein Bier, bis der Regen ein wenig nach ließ und wir schnell noch ein Foto machen konnten. Dann verschanzten wir uns im Bus.

Heute früh schien die Sonne, doch es stürmte den ganzen Tag mit mindestens Windstärke 10, ohne Unterlass. Wie schon gesagt, sind wir eigentlich zum Tauchen hergekommen, doch bei dem Wind?

Camaret an der Westküste der Bretagne

Zuerst suchten wir die Tauchschule in Camaret und fanden sie auch, sogar zwei davon. Die eine hatte erst zum Mittag wieder für eine halbe Stunde geöffnet und die andere hatte um 15 Uhr eine Ausfahrt. Jetzt wussten wir, was wir wissen wollten und konnten uns als nächstes um den Bus kümmern. Wir fuhren also in die Werkstatt in Crozon, die wir gestern gefunden hatten. Die hatten gerade keine Zeit, wir sollten um 14 Uhr wieder kommen, da könne man uns wegen des fehlenden Teiles am Schaltgestänge Auskunft geben und den Bus auf die Bühne nehmen, wegen des scheppernden Geräusches. Was machten wir solange, es war gerade 11 Uhr?

Wir fuhren nach Morgat, dort soll es ein Felsentor geben. Morgat ist ein kleiner Ort an einer großen Bucht und man kann von dort aus auf eine Insel fahren. Nachmittags fahren Boote zu Höhlen in der Steilküste. Auch eine Tauchbasis fanden wir, an der groß geschrieben steht: Wir sprechen deutsch. Doch der junge Mann sprach weder deutsch noch englisch.

So stiegen wir wieder in den Bus und fuhren zum Cap de la Chévre, Ziegenkap? Auf dem Weg zum Cap kamen wir an kleinen Ansammlungen von Häusern vorbei, überall wachsen Erika, Stachelgestrüpp und Krüppelkiefern. Am Cap stehen ein Marine-Posten und ein Ehrenmal für die gefallenen Marine-Soldaten von 1913 bis heute.

Cap de la Chévre

Da wir immer noch Zeit hatten, kochten wir in einer ruhigen Ecke des großen Parkplatzes vor dem Marine-Posten unser Mittag, kleine neue Kartoffeln und die gekaufte Blutwurst, einfach und lecker.

In Crozon zurück, kauften wir ein, was wir für den nächsten Tag brauchten und fuhren um 14 Uhr zur Werkstatt. Die Bühne war noch nicht frei, wir sollten um 16 Uhr wieder kommen, es konnte auch 18 Uhr werden oder heute gar nicht mehr. So viel Zeit zu verschwenden hatten wir dann auch nicht. Wir wollten es in Quimper versuchen, da gibt es eine große Werkstatt. Dann fiel uns ein, dass wir ja morgen früh auf dem Rückweg wieder hier vorbei müssen und machten einen Termin für 9 Uhr aus.

Was machen wir jetzt mit dem angebrochenen Tag? Wir sahen uns noch Pointe de Pen Hir an, an anderes Cap. Wieder führt eine lange Straße über eine Ebene, an deren Ende das Cap liegt. Das Buschwerk ist einem Teppich gewichen. Der Wind ließ einfach nicht nach, stellenweise verloren wir sogar unsere Standfestigkeit. Am Rande einer schroffen Steilküste nicht unbedingt empfehlenswert.

Pointe de Pen Hir

31

Es erschlossen sich uns hier phantastische Landschaftsbilder, helle, aufragende Felsen in blauem Wasser, sehr zerklüftete Steilwände, auf jedem Schritt sah es anders, gewaltig aus.

Ein Denkmal erinnert an die französische Befreiung.

Bevor wir den Pt. de Pin Hir erreichten, waren wir an einem Museum vorbei gekommen. Das besuchten wir jetzt. Es ist ein weiteres Museum zum Thema Atlantikwall und Atlantikschlacht. Direkt auf und in einem riesigen Bunkergelände. Das ganze Gelände ist mit Räumen und Gängen unterhöhlt, drei Bunker stehen noch von weitem sichtbar, einer davon wurde gesprengt, doch ist dabei nicht wirklich viel kaputt gegangen. Diese Bauwerke sind wirklich stabil.

Gedenkstätte für die Atlantikschlacht

Bunker, soweit das Auge reicht, über und unter der Erde

zwei Welten

Einen Teil der Geschützstellungen hat man wohl nach der Zerstörung wieder ausgegraben, denn man kann sich die Fundamente, auf denen die Geschütze standen, die Munitionsräume und Aufenthaltsräume halbwegs gut ansehen. In einem anderen Bunker ist ein Museum untergebracht, dass sich weniger mit dem D-Day beschäftigt, als mit der Atlantikschlacht selbst.

Jetzt wurde es Zeit, sich einen Campingplatz zu suchen. Wir hatten auf dem Hinweg gesehen, dass es einen Gemeindeplatz in Camaret gibt. Auf dem Weg dorthin kamen wir an einer Ansammlung von Menhiren vorbei. Der Platz heißt „Manoir de St. Pol Roux". Da stehen jede Menge kleinere Menhire in einem Viereck mit einer verlängerten Seite. Die meisten der Steine bestehen aus Quarz und Granit.

Menhir-Ansammlung bei Camaret

33

Was haben sich die Menschen damals bloß gedacht, sich so etwas anzutun. Die riesigen Steine müssen hierher gebracht werden, aufgestellt und eingegraben werden. Vielleicht standen sie auch nur so, denn im Laufe der Jahrtausende hat sich einiges Erdreich angesammelt, wodurch die Megalithen heute so weit in der Erde stecken.

So, jetzt wurde es wirklich Zeit Feierabend zu machen. Die Sonne hatte sich verzogen, der Wind blies immer noch heftig. Wir bezogen unseren Stellplatz, kochten uns Kaffee und aßen ein Stück Kuchen dazu. Dann wollten wir nach Camaret spazieren, um uns den Ort anzusehen. Doch gerade als wir uns umgezogen hatten, fing es ein weiteres Mal an zu regnen. Wieder einmal machten uns Regen und Sturm einen Strich durch die Rechnung. Zwei Stunden blieb das so, dann war es zu spät zum losgehen. Das war ärgerlich und wurde langsam nervig.

Wieder einmal hieß es um 7 Uhr aufstehen, da wir einen Termin in der Werkstatt hatten. Der Regen ist weg, der Wind immer noch da. Wann hört das endlich auf?

Um 9.15 Uhr kam unser Bus auf die Bühne. Eine viertel Stunde später und um 41,25 € ärmer hatten wir ihn wieder. Das fehlende Teil am Schaltgestänge war wieder drin. Jetzt konnte Klaus wieder vernünftig schalten, ein Problem weniger. Das Scheppern am Unterboden ist nicht mehr aufgetaucht. Auf dem letzten Campingplatz stand noch ein T3, bei dem probierte Klaus das Spiel der Gelenkwelle aus. Das war bei beiden gleich, sonst ist dort unten nichts lose. Merkwürdig, irgendwas muss doch das Scheppern verursachen. Doch die Werkstatt kann nichts machen, wenn das Geräusch nicht auftaucht. Also fuhren wir weiter Richtung Quimper.

Wie schon gesagt, hatten wir auf dem Weg nach Camaret Militärschiffe im Aulne-Fjord gesehen. Die wollten wir uns nun aus der Nähe ansehen. Dazu mussten wir einen Abstecher nach Landévennec machen. Da fanden wir zuerst eine kleine Kirche direkt am Fjord, deren Turm man über außenseitig angebrachte Stufen erklimmen kann, mal eine neue Methode.

Kirchturm mit außen
umlaufenden Stufen

Und schon fing es erneut an zu regnen. Um die Schiffe zu finden, fragten wir in der Touristinfo nach. Wir fragten nach einem Marine-Museum, weil wir annahmen, dass es sich dabei um ein Museum handelt. Irgendwie konnten wir der Dame dann klar machen, welche Schiffe wir suchten. Auf der Karte, die sie uns gab, war die Stelle als Schiffsfriedhof gekennzeichnet. Jetzt war alles klar und sie beschrieb uns den Weg.

Anstatt nach unten zu fahren, führt die Straße bergauf. Soll das richtig sein? Da kamen wir zu einem Parkplatz. Von dort aus konnten wir die Schiffe sehen. Es ist nicht wirklich ein Schiffsfriedhof, sondern ein Parkplatz für ausgemusterte Schiffe. Manche liegen dann jahrelang dort vor Anker. Das erklärt eine Tafel. Dort steht auch, dass in der 1920er Jahren sogar ein Luxusliner gelegen hat.

Parkplatz für ausgemusterte Schiffe

Wir setzten unsere Fahrt nach Quimper fort. Das ist eine alte Bischofsstadt mit dem ältesten gotischen Dom der Bretagne und einem schönen alten Stadtzentrum. Im Dom wurde gerade geheiratet, die Hochzeitskutsche war ein schöner Oldtimer von Rolls Roys.

schönes „Schätzchen"

Wir schlenderten durch die sehenswerten Gassen vom Qimper mit dem langsam schon gewohnten Anblick der alten Fachwerkhäuser. Trotzdem faszinieren sie immer wieder. Sie sind einfach etwas besonderes.

Wir sind ja nach unserem Urlaub auf eine Hochzeit eingeladen und wir suchten für Klaus noch einen Anzug. Im Moment war in der ganzen Gegend Sommerschlussverkauf mit Rabatten bis zu 70%. Da bekam man wirklich schöne Sachen zu sehr günstigen Preisen. In einem der Läden bekamen wir sogar einen tollen hellen Anzug aus gutem Material, Pariser Mode, für ganze 80,-€, schnittig und elegant. Da konnten wir nicht vorbei gehen. Ein paar Läden weiter kauften wir dann noch ein passendes Hemd. Nur helle Schuhe waren keine zu bekommen. Dieser Ausflug hat sich mehr als gelohnt.

Quimper

liebevolle Details schmücken die alten Häuser

idyllisches Plätzchen   in der Markthalle

Eigentlich wollten wir nach Südwesten weiter, nach Penmarc´h, doch wir fanden die richtige Straße aus Quimper heraus nicht. Wir fuhren dreimal durch die Stadt und kämpften uns durch die Einbahnstraßen, doch die richtige Straße war nicht zu finden. Irgendwie führten alle Straßen nach Osten. Das konnte doch nicht sein. Wir fragten sogar an einer Tankstelle nach dem Weg. Da bekamen wir zur Auskunft, dass wir hier gleich rechts ´rum fahren sollten und dann immer dem Schild „Penmarc´h" hinterher. Das rechts ´rum war noch einfach, doch ein Schild „Penmarc´h kam nicht, nur eines mit der Aufschrift „Penn Maz" oder so. Da hier alles zweisprachig bzw. nur bretonisch ausgeschildert ist, fuhren wir dem erst einmal hinterher. Die Richtung stimmte, bis wir feststellten, dass wir nun viel zu weit im Westen waren. Jetzt war es auch egal. Wir mussten die Straße weiterfahren, bis wir zu einer Querverbindung in den Süden nach Pont-l Abbé kamen. Da hatten wir aber einiges an Sprit vergurkt. Nach Quimper rein kommt man, nur raus nicht wieder. Das hatten wir doch schon einmal?

Kurz hinter Pont-l Abbé bogen wir nach Saint-Jean-Troliman ab, wo wir eigentlich hin wollten. Dort wollten wir uns den Calvaire von Tronöen ansehen. In der Bretagne gibt es einige dieser „Calvaires", die ein Teil sakraler bretonischer Baukunst sind. Es sind eingefriedete Pfarrbezirke, die aus der Kirche, einem Friedhof, dem Beinhaus, einem Triumphbogen und dem Calvaire bestehen. Dieser Calvaire ist ein großer Steinblock, der mit christlichen Motiven verziert ist.

Wieder herrschte sprachliche Unklarheit. Aber in Trolimon führte uns ein Schild nach Tronöen, das fast an der Küste liegt. Auf dem Weg dorthin kamen wir an einer kleinen Kapelle vorbei.

„kleine" Kapelle am Weg

Hinweis auf Tronöen

In Tronöen findet man den ältesten Calvaire der Bretagne. Er stammt aus dem 15. Jahrhundert. Damals wurde noch klein und bescheiden gebaut. Das Ensemble beeindruckt dennoch.

das Calvaire von Tronöen

Unser nächstes Ziel war Penmarc´h. Hier fanden wir am Fischereihafen eine Fabrik für Fischkonserven und andere leckere Sachen wie Salz mit Algen, Fischsuppe, Kosmetik mit Algen, Geschirr usw., alles sehr teuer. Wir sahen uns um und kauften interessehalber schwarzen Tee mit Algen und Salinensalz mit Algen. Dort bekam man auch das Fleur de Sel, die Blume des Salzes, doch das wollten wir kaufen, wo es her kommt, in Guérande.

Für unsere netten Nachbarn zu Hause kauften wir das Algensalz und Senf mit Algen, als Dankeschön für´s Haus hüten.

Penmarc´h ist nicht gerade attraktiv und besteht eigentlich aus drei Häfen um eine Landzunge. Im mittleren Hafen stehen zwei Leuchttürme. Hier legten wir erst einmal eine Kaffeepause ein.

am Leuchtturm von Penmarc´h

Anschließend schlenderten wir ein Stück die Küste entlang und kamen zu einem Schuppen, der als Museum der Schiffsrettungstruppe des Ortes ausgebaut worden ist. Darin steht ein restauriertes Rettungsboot. Vor dem Museum stand ein Mann, der für die Sache verantwortlich war und die Fragen der interessierten Touristen beantwortete.

Im Inneren des Schuppens steht nicht nur das Rettungsboot, sondern berichten auch Foto´s und Zeitungsberichte von der schweren, meistens lebensgefährlichen Arbeit des Schiffsrettungsdienstes, den es schon eine sehr lange Zeit gibt. Heute arbeitet die Truppe mit modernen Booten und Gerät, was die Arbeit nicht unbedingt ungefährlicher macht. Doch früher hatten sie nur Ruderboote, Seile und Rettungsringe. Viele der Retter blieben bei der Rettung Schiffbrüchiger und Gestrandeter selbst auf See.

Die Leute des Schiffsrettungsdienstes hatten sich sehr viel Mühe gegeben mit dem Museum, es gab sogar Erläuterungen auf laminierten Tafeln in mehreren Sprachen, darunter auch deutsch. So konnten wir etwas tiefer in die Thematik einsteigen.

Unter anderem erfuhren wir auch von einer großen Tragödie aus dem Jahre 1925. Da waren bei schwerer See zwei Fischerboote gekentert und zwei Ruder-Rettungsboote fuhren hinaus, um zu helfen. Doch die beiden Rettungsboote erwischte eine Welle und sie kenterten ebenfalls. Die Helfer erreichten die Boote nicht mehr. Alle ertranken, die Fischer und die Helfer.

das Museum der Seenotrettung von Penmarc´h

die Hosenboje – ein frühes Rettungsmittel

Rettungsboot

Nach dem Rundgang spendeten wir einen Obolus, für den man sehr dankbar war. Mit den Spenden kann dieses Museum erhalten werden.

Das Wetter war schön, bis auf den heftigen Wind, der sich kühl anfühlte. Wir setzten unsere Fahrt fort. Über Pont-l Abbé fuhren wir die Küstenstraße nach Benodet. Fünf Kilometer hinter dem Ort suchten wir uns einen Campingplatz, zwar ab vom Schuss, kein Meer, keine Einkaufsmöglichkeit. Trotzdem reservierten wir uns einen Platz, dann fuhren wir, um vielleicht noch irgendwo shoppen und essen zu gehen. Da wir nicht wussten, wo etwas ist, fuhren wir dem erstbesten Schild nach Mousterlin hinterher. Dort gibt es nur Strand und ein teures Restaurant. Da hatten wir wohl die falsche Richtung eingeschlagen. Egal, jetzt waren wir hier. Wir spazierten ein Stück am Meer entlang und stellten dabei fest, dass man noch weiter fahren kann. Da es recht kalt war, stiegen wir ins Auto und fuhren noch ein Stück, bis wir zu einem anderen Campingplatz und einem Restaurant kamen. Hier kehrten wir ein und aßen die beste Pizza unseres Lebens – ein Boden, so dünn und knusprig, wie man es noch nicht gesehen hat, maximal einen Millimeter, und einen Belag, da leckt man sich die Finger. Leckerer geht es nicht. Dazu ein schönes Bier, was will man mehr. Das sind die Momente, in denen man sich wie im Paradies fühlt. Eigentlich wollten wir Fisch essen, doch den gab es nicht. Dafür war die Pizza einfach superb.

Zur Verdauung spazierten wir ein weiteres Stück die Küste entlang. Ein paar Brandungsangler versuchten ihr Glück, und wieder stießen wir auf Bunkerreste, wenn auch kleine.

Gegen 20.30 Uhr waren wir auf unserem Campingplatz zurück und wir beschlossen den Tag draußen sitzend und bei Sonne, der erste nach drei verregneten und kalten Abenden.

Endlich konnten wir ausschlafen. Wir standen erst gegen 9 Uhr auf. Unser nächstes Ziel war Concarneau, wo sich angeblich alles um Fisch drehen soll. Im einem der Reiseführer lasen wir etwas von einer Auktionshalle für Fisch und Meeresfrüchte, drei Konservenfabriken und einem Fischerei-Museum. Das letzte haben wir gefunden, für die Auktionshalle waren wir zu spät dran. Die Fabriken haben wir nicht entdeckt. Der

Weg durch den Fischereihafen lohnte sich also nicht und so schlenderten wir durch die Geschäfte, besorgten noch Frühstück für morgen und eine schöne kleine Melone. Dann schwenkten wir zur Altstadt, die noch vollständig von den alten Stadtmauern und von allen Seiten vom Wasser umgeben ist. Sie ist nur über eine Brücke zu erreichen. Als wir die Altstadt durch die beiden Stadttore, außen und innen betraten, erinnerte mich der Betrieb sofort an unseren Besuch auf dem Mt. St. Michel. Auch hier gibt es nur eine Gasse mit Neppläden, wo sich alles konzentriert. Der Markplatz mit den alten Fachwerkhäusern ist allerdings recht hübsch.

die Altstadt von Concarneau

die bretonische Fahne   liebevolle detail findet man überall

Da wir noch immer Schuhe für Klaus´ neuen Anzug suchten, fuhren wir zuerst nach Vannes weiter, denn morgen ist Sonntag und die Geschäfte wahrscheinlich geschlossen. Einen Parkplatz in Vannes zu finden war nicht leicht, doch wir hatten Glück. Ich nahm für den Bummel in der Stadt leider keinen Fotoapparat mit und habe es bereut. Wir hatten nicht damit gerechnet, in einer Großstadt wie dieser solch schöne uralte Fachwerkhäuser, tolle Arrangements und enge bunte Gassen zu finden. Jede Menge Boutiquen mit unschlagbaren Sommerschlussverkaufsangeboten und Restaurants machten den Bummel zum Vergnügen. Doch helle Schuhe für Klaus fanden wir auch hier nicht, dafür bekam ich ein Paar mehr als günstige schicke Pumps.

Vannes soll berühmt für seine alten Waschhäuser sein, die sich an einem Fluss reihen sollen. Doch auch diese fanden wir nicht. Langsam habe ich den Eindruck, dass wir im Auffinden von Sehenswürdigkeiten in diesem Urlaub nicht so viel Glück haben.

Unser Parkplatz war zeitlich begrenzt, wir hatten nur zwei Stunden Zeit und die vergingen wie im Flug. Inzwischen war es 17 Uhr und wir fuhren nach Locmariaquer im Süden weiter. Wieder fanden wir die Straße aus Vannes heraus nicht und wieder fuhren wir einen riesen Bogen. Das ist doch nicht normal. In dieser Häufigkeit ist uns das noch nie passiert.

In Locmariaquer suchten wir uns einen Campingplatz, der uns zur Abwechslung nur 10,90 € kostete. Meistens zahlten wir um das Doppelte.

Wir kochten uns einen Kaffee und fuhren in den Ort, der mit einer Menge Megalithen und Dolmen aufwarten kann. Auf dem Campingplatz bekamen wir eine Übersichtskarte, wo alles Sehenswerte verzeichnet ist. Mit ihr war das Auffinden der uralten Stätten ein Leichtes.

Drei dieser Stätten befinden sich auf einem Gelände, das allerdings ein Museum ist, drei weitere besuchten wir so. Zwei davon sind Megalithgräber, Dolmen genannt, mit ca. fünfundzwanzig Metern Länge, eines ist ein Hügelgrab, Tumulus genannt, mit nur einer kleinen runden Kammer, ähnlich dem Königsgrab, das wir damals in Schweden besucht hatten.

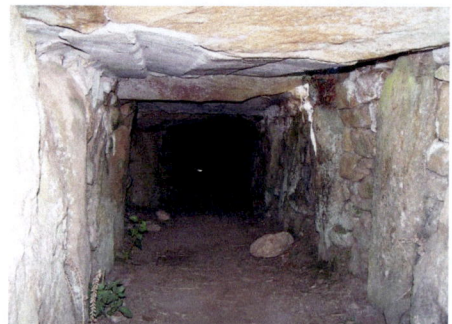

ein Dolmen (Megalithsteingrab)   das Innere des Dolmen

der Eingang zu einem Tumulus

der ganze Grabhügel

Um die kleine Kammer zu besichtigen, mussten wir durch ein winziges Loch kriechen und mit unseren Taschenlampen Licht ins Dunkel bringen. So konnten wir erkennen, dass zwei große Megalithen die Decke der Kammer bildeten. Der Hügel war mit kleinen Steinen aufgeschichtet.

Klaus hatte genug vom Steine gucken und ging, während ich noch den Dolmen von St. Pierre besichtigte, baden. Um St. Pierre zu erreichen, hatte ich ein ganzes Stück Fußmarsch hinter mich zu bringen, ohne Ahnung, wie weit das sein würde. Mit dem Auto kamen wir so einfach nicht hin, denn die Einbahnstraße führte in die falsche Richtung.

Außerdem stand nirgendwo ein Schild. Ich wusste nur, dass dort hinten ein Dolmen steht. Das Wetter war prima und die Landschaft toll, so machte der Spaziergang wenigstens Spaß und er hatte sich gelohnt.

ein traumhaft gelegener Dolmen

Als wir wieder zusammen gefunden hatten, fuhren wir nach Locmariaquer zurück und kamen dabei an einem Austernverkauf vorbei. Der hatte zwar offiziell schon seit zwei Stunden geschlossen, doch da wir noch jemanden dort antrafen und wir höflich und interessiert fragten, durften wir trotzdem noch probieren. Wir bekamen für wenig Geld vier Creusse (die bauchigen Felsenaustern), vier Flat (die flachen Sandaustern), Butterbrot und noch einen Cidre. So ein leckeres Essen direkt am Wasser, direkt vom Erzeuger, das schmeckt einfach unschlagbar gut. Allerdings konnten wir im direkten Vergleich zwischen den beiden Austernarten keinen geschmacklichen Unterschied feststellen. Der geschmackliche Unterschied, den Austern dann überhaupt aufweisen, kommt wahrscheinlich von den Bedingungen, unter denen sie aufwachsen – Wasser, Licht, Nahrungsangebot.

Zufrieden spazierten wir am Hafen und am Strand von Locmariaquer entlang, was nicht einmal eine Strecke von dreihundert Metern bedeutet. Es ist ein sehr kleiner Ort. Uns war ein richtig schöner Abend beschert, denn der Wind hat endlich nachgelassen und es hatte den ganzen Tag nicht geregnet. Die 21° C sind trotzdem recht kühl, wenn der Wind hin und wieder noch einmal auffrischt.

Zum Abendessen machten wir uns das Cordon bleu, das wir gekauft hatten.

Wir standen gemütlich auf, schließlich ist heute Sonntag, frühstücken, immer dasselbe Ritual. Unser nächstes Ziel war Carnac, wo man das größte Megalithenfeld der Erde findet, mit dreitausend Menhiren und Dolmen. Die Megalithen sind bis zu acht

Metern hoch und fünf- bis sechstausend Jahre alt. Sie bilden sogenannte Alignements, Steinalleen. Das Gebiet ist so groß, das es nicht überschaubar ist.

Im Prähistorischen Museum in Carnac kann man sich über die rätselhaften Steine nähere Informationen holen, wobei niemand den Sinn dieser Anlagen erklären kann.

Ein Stück weiter bei Kermario steht eine alte Mühle, auf deren Resten sich eine Aussichtsplattform befindet, von wo aus man die Möglichkeit hat, wenigstens einen kleinen Überblick über die gigantischen Steinfelder zu bekommen.

Wir parkten unseren Bus zwischen Carnac und Kermario und ließen die Megalithen auf uns wirken. Zum großen Teil stehen die Steine in parallelen Reihen. Die Menschen hatten damals wirklich nichts zu tun, um sich mit diesen Gewichten abzuplagen. Wofür nur? Das will einfach nicht in meinen Kopf.

Megalithen, so weit das Auge reicht, und sie werden noch größer

die Alignements von Carnac – Menhire und Dolmen

Genug der alten Steine, fahren wir weiter zum Salz, auf der Nationalstraße Richtung St. Nazaire. In la Roche-Bernard bogen wir nach Guérande ab. Bei Assérac sahen wir die ersten kleinen Salzfelder. Jetzt fuhren wir immer an der Küste entlang und suchten einen schönen Platz zum Mittagessen. Leider kamen wir mit dem Bus auf keinen der Parkplätze drauf. Alle waren bis auf 1,90 Meter Höhe beschränkt. Da passen wir nicht durch.

Auf dem Weg trafen wir auf eine Gruppe, die sich für irgendeine Feierlichkeit zurecht machte, und zwar in „nachgebauten" Trachten der Bretonen. Da schlüpften Männer in Frauenkleider? Vielleicht hat die Gruppe nicht genügend Frauen, wer weiß. Jedenfalls sah das schon lustig aus. Wir beobachteten sie eine Weile, weil wir das Gefühl hatten, das bald etwas passiert, aber es war wohl doch noch nicht so weit.

Vorbereitung für eine bretonische Feierlichkeit

Dann kamen wir in Piniac an und Klaus meinte, wir sollten Feierabend machen, es war gegen 16 Uhr. Wir suchten uns einen Campingplatz direkt am Meer, bezogen unseren Platz, tranken einen Kaffee und machten uns zum Baden gehen fertig. Voller Vorfreude gingen wir zum Strand und wurden ein weiteres Mal enttäuscht, kein Wasser, nur Felsen, die mit Austern, Muscheln und Algen bewachsen sind. Dazwischen finden sich Wasserlöcher. Es war einmal mehr Ebbe, irgendwie haben wir kein Glück.

Weil Klaus unbedingt baden wollte, kletterten wir über die Felsen. Das war nicht ungefährlich. Als wir dann an der Wasserlinie waren, war auch hier das Wasser voller Algen, also baden, nee!

So nahmen wir den mühevollen Weg zurück auf uns und beobachteten hier und da kleine Fische und Garnelen in den Wasserlöchern.

Am Strand angekommen, sonnten wir uns noch eine Stunde, bevor es ans Abendbrot ging. Ich machte uns Spaghetti mit den Oliven, die wir am Vormittag auf dem Markt in Carnac gekauft hatten. Dazu kamen dann noch Knobi, Oregano und Olivenöl.

Wir haben auf den französischen Märkten immer das Gefühl, als wären die Leute kurz vorm Verhungern, denn die Lebensmittelstände waren immer übervoll, sei es Fisch, Obst und Gemüse oder vorgekochte Gerichte, die hier anscheinend sehr beliebt sind. Ansonsten findet man auf den Märkten Klamotten, Schuhe, Schmuck bis hin zu selbstgemalten Bildern.

Der Abend war noch jung und so machten wir uns auf den Weg zum Hafen. Dafür, dass hier alles noch teurer ist wie ohnehin schon, waren alle Kneipen, und es sind unzählige, bis auf den letzten Platz besetzt. Ich will nur erwähnen, dass wir für den 1-Sterne-Platz, den wir uns ausgesucht haben, ganze 18,90 € zu zahlen hatten. Dafür bekamen wir gerade mal zwei Waschbecken, eine Dusche und eine Toilette für den ganzen Platz pro Geschlecht. Das ist ein eindeutiger Fall von Touristennepp. Was hätten wir dann wohl für einen 3-Sterne-Platz bezahlt? Dabei haben wir die mondänen Bäder im Süden der Halbinsel Guérande noch nicht erreicht.

liebevoll gepflegte Häuschen
in Piniac

Wir spazierten durch die engen, teilweise sehr schönen, mit Blumen und Hortensien bewachsenen Gassen des Ortes Piniac, bevor wir umkehrten und den Rückweg am Strand entlang nahmen, zu einem Aussichtspunkt an der Steilküste. Überall verteilen sich kleine Strände, die meistens von angespülten Algen unattraktiv gemacht sind. Langsam geht die Sonne unter und es wird kühl. Genau um 22 Uhr verschwand sie golden in einer Wolkenbank kurz über dem Horizont.

Unterwegs haben wir uns interessehalber immer einmal wieder die Haus- und Grundstückspreise angesehen. Hier in Piniac schießen sie jedoch den Vogel ab. Für ein kleines Häuschen muss man zweihundertfünfzigtausend Euro hinlegen, der durchschnittliche Hauspreis liegt bei vierhunderttausend. Ein eintausend Quadratmeter-Grundstück kostet zweihundertneunzigtausend Euro. Da schlackert man mit den Ohren, Wahnsinn.

Schnell weg aus der teuren Ecke und Richtung Salz. So fuhren wir nach Guérande weiter. In Guérande angekommen, steuerten wir direkt auf die alte Stadtmauer zu. Das war eine Einladung, der wir nicht widerstehen konnten. Wir stellten den Bus ab und betraten die Altstadt durch das Südtor. Links davon ist noch ein Stück des alten Wassergrabens erhalten. Am Eingang steht eine Tafel, auf der man liest, dass, wer im 18. Jahrhundert durch dieses Tor wollte, eine Gallone Wein zu zahlen hatte. Wer nicht zahlen konnte oder wollte, der musste nackt von der Brücke springen. Was werden wohl die meisten Leute gemacht haben?

Es war noch sehr ruhig, die Läden öffneten gerade erst. Auf dem Marktplatz spielte eine junge Frau Harfe, aber auf eine Weise, die wir so noch nicht kannten. Sie spielte gerade einen Flamenco und benutzte die Harfe zwischendurch immer wieder als Trommel. Die Leute waren begeistert.

die Altstadt mit der Stadtmauer von Guérande

die Kirche von Guérande ist recht sehenswert

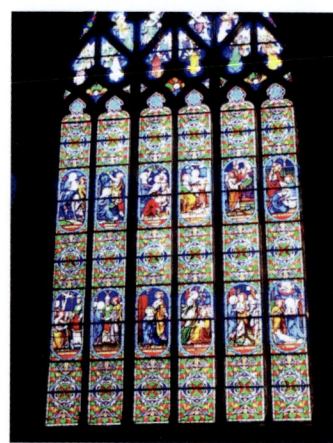

alte Pumpe am einem der Stadttore

In einem der kleinen Läden kauften wir unser Salz, das hier in der Gegend gewonnen wird. Es enthält sehr viele Mineralien, weil beim Ernten immer ein Stück des Bodens mit in das Salz gelangt. Während wir woanders drei- bis viermal soviel für das Salz gezahlt hätten, bekamen wir in Guérande ein Kilo Salz für 1,- €. Für ein Pfund Fleur de Sel, der Blume des Salzes, verlangte man hier 3,50 €. Es ist für den Streuer und zum Würzen von Salaten oder dem Frühstücksei.

Jetzt hatten wir auch das begehrte Salz der Bretagne. Der Vorrat wird wohl für eine Weile reichen. In einem der Souvenirläden kauften wir noch einen netten Aufkleber, der für die Bretagne wirbt. Den klebten wir auf unsere Kiste.

Wir erfuhren, dass die Salzgärten im Süden von Guérande liegen und fuhren in Richtung le Pouliguen weiter. Unterwegs wies uns ein Schild den Weg nach rechts zum „Terre de Sel". Dem fuhren wir nach und kamen an ein Gebäude, welches Museum, Besucherzentrum und Shop in einem ist. Hier werden Führungen durch die Salzgärten angeboten. Da wir jedoch eh nichts verstehen, ließen wir es bleiben. Es ergibt sich bestimmt noch eine Möglichkeit, sich das Ganze ohne Eintritt zahlen zu müssen anzusehen.

Deshalb fuhren wir weiter und hielten dort an, wo ein Mann gerade das Salz erntete. Die Salzgärten der Guérande sind riesig und überall findet man jemanden, der gerade bei der Arbeit ist.

in den Salzgärten der Guérande

ziemlich harte Arbeit   sogar Meerspargel wächst hier

Sichler und Reiher sind in den Salzgärten heimisch

Wir spazierten ein Stück durch die Felder und machten uns ein Bild von der Arbeit eines Salzbauern. Also: Das Meerwasser kommt meist aus eigener Kraft auf die Felder. Zuerst wird es in großen Becken gesammelt, wo es von den Algen, die es mitbringt, gereinigt wird. In diesen Becken halten sich auch gern Reiher und andere Wasservögel auf, da es noch nicht so salzig ist.

Dann wird es über kleine Kanäle zu den flachen Becken der Salinen geleitet. Durch Verdunstung und neuen Zulauf frischen Meerwassers erhöht sich mit der Zeit die Konzentration des Salzes im Wasser.

Die Halbinsel Guérande ist ein sehr trockener Landstrich mit sehr wenigen Niederschlägen. Jeder Regenguss wirft die Salzbauern um Tage oder Wochen in ihrer Arbeit zurück, denn dann wird das Wasser in den Salinen wieder verdünnt. Wie trocken es hier ist, konnten wir mit eigenen Augen sehen. Während es überall sonst, wo wir inzwischen auf dieser Reise waren, immer wieder geregnet hat, ist der Boden auf Guérande schon am Sommeranfang ausgedörrt, knochentrocken.

Wenn es soweit ist, wird das Salz geerntet. Dafür wird es mit großen Rechen vom Boden der Becken geschabt, wobei wie schon gesagt, auch jedes Mal ein Teil des Bodens in das Salz gelangt. Dadurch liegen die Becken ein Stück unterhalb des normalen Geländes. Das geerntete Salz wird erst in kleinen Haufen am Rand der Becken gelagert, später mit Schubkarren zu einem zentralen Haufen gebracht, von wo es dann abgefahren wird.

Um das Fleur de Sel zu gewinnen, muss es eine bestimmte Wetterlage geben. Dann setzt es sich als dünner Film an der Wasseroberfläche ab, wo es vorsichtig abgeschöpft wird. Allein das Wetter bestimmt also, ob es das Fleur de Sel gibt. Deshalb ist es so selten und teuer. Diese Tatsache haben wir aber aus dem Fernsehen.

Jetzt hatten wir alles, was wir uns von der Bretagne erhofft hatten und traten nun den Heimweg an, der uns immer an der Loire entlang führen sollte. In St. Nazaire fuhren wir über eine große Hängebrücke, die Pont de St-Nazaire über die Loire-Mündung. Diese Brücke war vor zwanzig Jahren die größte Hängebrücke Frankreichs, bis die Pont de Normandie über die Seine gebaut wurde. Sie ist deswegen nicht weniger imposant.

die Pont de St-Nazaire

In St. Brevin les-Pins hielten wir, um ein Foto von der Brücke zu machen. Also, wenn das kein Mittelmeer-Feeling war, was uns dort empfing? Weit über 30°C, Pinien, Häuser im Mittelmeerstil, Palmen, Mimosen, alles da. Ein krasser Unterschied zu dem, was wir bisher gesehen hatten, richtig erholsam.

Es war ein Stück bis zum Wasser zu laufen, aber es lohnte sich. Wir fanden ein tolles Plätzchen im Grünen, von wo aus wir den Anblick der eleganten Brücke und das Flair dieses Ortes genießen konnten.

St. Nazaire dagegen wird in keinem Reiseführer als sehr empfehlenswert dargestellt. Es ist ein alter Kriegs- und U-Boot-Hafen. Wie Le Havre wird die Stadt von Häfen, Gestank und Lärm dominiert.

Jetzt fuhren wir südlich der Loire weiter. Die Mündung ist mehr als vierzig Kilometer lang. Wir kamen an Nantes vorbei und fuhren bei la Vareme durch ein Weinanbaugebiet. Von einem Wein aus dem Loiretal hatten wir allerdings bisher noch nichts gehört. Da zeigt sich wieder, dass man niemals auslernt. Ständig entdeckt man etwas Neues.

Ein Stück weiter erreichten wir einen Picknick-Platz direkt an der Loire. Es war Kaffeezeit und eine Gelegenheit, mit der Loire Kontakt aufzunehmen. Die Ufer sind dicht bewachsen, Wasservögel tummeln sich. Im Gebüsch entdeckten wir unbekannte Käfer.

Es sieht alles sehr natürlich aus. Uns gefiel, was wir sahen. Es passte wieder alles und der Kaffee schmeckte noch einmal so gut. Das Leben kann so schön sein.

Picknick an der Loire, es ist heiß

Kurz vor Liré fanden wir einen kleinen, schmucken Campingplatz direkt am Fluss, an dem Klaus angeln gehen kann. Mal sehen, ob er diesmal Glück hat. Es schien aber nicht der Hauptarm der Loire zu sein, sondern ein Nebenarm.

Wir richteten uns ein und während ich mich anschließend sonnte, probierte Klaus schon einmal die Angel aus. Nach einer Stunde kam er ohne Beute wieder.

Zum Abendbrot brieten wir uns den heute gekauften Knurrhahn, dazu gab es die kleinen Kartoffeln. Es war der erste Fisch, den wir in der Bretagne gekauft hatten. Ein Stück vom Meer weg, kostet der Fisch um die 10,- € pro Kilogramm weniger. Bei den Preisen an der Küste verging uns der Appetit auf frischen Fisch. Das ist sehr schade, aber nicht zu ändern. Irgendwo gibt es Grenzen.

Als wir mit essen fertig waren und so da saßen, kam ein riesiges Insekt über das vor uns liegende Gebüsch in unsere Richtung geflogen. Ich meine, wirklich riesig. Wie es so über uns hinweg flog, erkannten wir große Scheren am Kopf. War das ein Hirschkäfer? Wir hatten noch nie einen Hirschkäfer gesehen, nicht krabbelnd und schon gar nicht fliegend. Wir freuten uns wie die Schneekönige.

Kurz darauf versuchte sich ein Buchfink als Kolibri, jedoch mit mäßigem Erfolg. Man muss eben auch ein Auge für die Natur haben. Da lässt sich vieles und aufregendes entdecken.

Nach der sanitären Katastrophe auf dem letzten Campingplatz, betrieben wir heute nach dem erstmals wieder heißen Tag ausgiebig Körperpflege.

Langsam dämmerte es und wir starteten zusammen noch einen Versuch, einen Fisch zu fangen. Wir brauchten nur über ein kleines Zäunchen zu steigen und waren schon am Wasser. Das war ein sehr idyllisches Plätzchen. Den Geräuschen um uns lauschend, verfolgten wir die sich eigenartig verformende Wolke, die sich über die Bäume des gegenüberliegenden Ufers schob.

Abenddämmerung an der Loire

Einen Fisch haben wir nicht bekommen, dafür jede Menge Tiere gesehen: Reiher, Möwen, Raben, Blesshuhn, Ratte sowie Fledermaus und gehört: Frösche und Grillen. Das ist Natur pur.

Eigentlich wollten wir heute in Angers eine Werkstatt wegen des immer stärker werdenden, klopfenden Geräusches am Bus aufsuchen, doch einmal mehr war nichts zu hören. Irgendwie hatten wir das Gefühl, dass das Geräusch immer dann nicht auftritt, wenn wir uns entschlossen eine Werkstatt anzufahren. Waren wir an der Werkstatt vorbei, ging es wieder los. Es war zum Verzweifeln. Wie soll man jemandem etwas erklären, wenn man die Sprache nicht spricht und nichts da ist, wovon sich die Werkstatt ein Bild machen kann, wie eben zum Beispiel ein Geräusch.

Also fuhren wir weiter an der Loire entlang und bogen südlich von Angers nach Doué ab. Kaum waren wir an Angers vorbei, kam das Geräusch wieder. Die nächste Werkstatt ist in Saumur. Auf dem Weg dorthin liegen die Höhlenwohnungen von Rochemenier. Es gibt hier entlang der Loire eine Vielzahl solcher Höhlenwohnungen, doch die von Rochemenier ist die vollständigste. Der Name der Anlage ist „Village Troglodyte" und ist eigentlich ein Höhlendorf, das aus zwei Bauernhöfen und einem modernisierten Haus besteht. Die Wohn- und Lagerräume sind mit der kompletten Ausstattung zu besichtigen. In dem Hühnerhof leben noch heute alte Geflügelrassen. Es gibt einen Brunnen und sogar eine unterirdische Kapelle. Noch bis ins 19. Jahrhundert hinein war die Anlage bewohnt, bevor sie zum Museum wurde. Bis vor Kurzem wohnte noch der Museumswächter in dem modernisierten Haus.

Die Höhlenwohnungen an der Loire werden inzwischen von den Großstädtern gekauft und renoviert und als Wochenend- oder Ferienwohnungen genutzt. Vielleicht gibt es auch ein Hotel. Auf diese Weise bleibt diese einzigartige Landschaft erhalten. Über sechshundert solcher Wohnungen und Anlagen soll es in diesem Gebiet geben, das sich auf zehn bis zwölf Kilometer Breite erstreckt und ein Kalksteinplateau ist. Dadurch wurde es erst möglich, ohne großen Aufwand diese Wohnungen zu graben bzw. Steinbrüche zu betreiben.

In der Ausstellung des Village Troglodyte ist das harte Leben der Bewohner, die vom 13. Jahrhundert bis wie gesagt ins 19. Jahrhundert hier lebten, eindrucksvoll dargestellt. Man wohnte und arbeitete unter der Erde, die Felder befanden sich zu ebener Erde. Zudem zeigen Bilder und Fotos Höhlenwohnungen gleicher oder ähnlicher Art auf der ganzen Welt. Man findet sie von Spanien bis nach China und auf dem ganzen amerikanischen Kontinent. Die berühmten Höhlenwohnungen in Kappadokien haben wir schon besichtigt.

Village Troglodyte – ein Höhlendorf

Dampfmaschine

Küche

Schlafzimmer

vieles ist prima erhalten

die Kirche von Rochemenier
stammt aus dem 14. Jahrhundert

Auf diesem unterirdischen Dorf, teilweise sogar auf der unterirdischen Kapelle, steht die Kirche des Dorfes. Sie stammt aus dem 14. Jahrhundert und ist das Älteste, was wir auf dieser Tour gesehen haben.

In Denezé lässt sich eine Höhle ganz anderer Art entdecken. Im 16. Jahrhundert haben hier Steinmetze eine Vielzahl, teils groteske Skulpturen, aus dem Tuff gemeißelt. Wir ließen diesen Besuch wegen des inzwischen beunruhigenden Geräusches an unserem Bus aus, denn wir wollten auf dem kürzesten Weg nach Saumur und hofften, der Bus hält solange noch durch.

Als wir uns nach dem Besuch des Höhlendorfes in Bewegung setzten, hörten wir nichts mehr. Das kann doch nicht wahr sein! Deshalb fuhren wir an Saumur vorbei und nach Montsoreau weiter, wo wir eine Champignonzucht, besser gesagt „die" Champignonzucht Frankreichs besichtigen wollten. Sie befindet sich ebenfalls in diesen Höhlen und Stollen, die nach der Zeit der Steinbrüche brach lagen. Viele Weinbaubetriebe haben sich in diesen unterirdischen Anlagen direkt an der Loire niedergelassen, denn die Bedingungen sind vor allem für die Weinlagerung hervorragend.

Auf dem Weg an der Loire entlang konnten wir überall Löcher in den Felsen sehen, Betriebe, Wohnungen und Lagerräume dicht an dicht.

In Montsoreau stellten wir den Bus auf dem Parkplatz unterhalb der Felsen ab und bewältigten einen kleinen Aufstieg, um zum Eingang der Champignonzucht zu gelangen.

Champignonzucht in Montsoreau

Der Eintritt kam stolze 5,90€. Die Führung sollte eine Stunde dauern, die gerade begann, in französischer und englischer Sprache. Wir fragten, ob wir den Rundgang nicht allein machen könnten. Da bekamen wir eine deutsche Beschreibung in die Hand und konnten damit auf Entdeckungstour gehen.

Diese Pilzzuchtanlage ist sozusagen die Auslagerung der ursprünglichen Pilzzucht in Paris. Von dort kamen ehemals alle Champignons für Frankreich her. Da dies aber eine sehr platzaufwändige Angelegenheit ist, der unbedingt notwendige Kompost immer knapper wurde und immer mehr Menschen diese Pilze haben wollten, war irgendwann kein Platz mehr in Paris dafür. So zog im 19. Jahrhundert ein Teil der Anlage hierher an die Loire, wo heute rund achtzig Prozent des Bedarfs für Frankreich produziert werden. Die restlichen zwanzig Prozent kommen immer noch aus Paris.

Die Champignonart heißt „Champignon de Paris". Es gibt sie in weiß und in braun, dazu werden andere Pilzsorten wie der Ritterling, Shii-Take-Pilze und Austernseidlinge angebaut.

Der Rundgang beginnt mit einer Ausstellung der Fossilien, die beim Graben im Muschelkalk gefunden wurden, wie versteinerte Ammoniten, Muscheln und Schnecken. Behauene Feuersteine und andere Fossilien zeigen, dass auch der Neandertaler und später der Gro-Manion, der moderne Mensch, ihre Lager hier aufschlugen.

Im Laufe des Rundganges wird gezeigt, wie sich die Pilzzucht über die Jahre entwickelte. Zuerst wurden die Champignons in Komposthügelreihen in völliger Dunkelheit angebaut. Die Arbeiter mussten mit kleinen Funzeln in der Kälte, 12 – 16°C, und der Feuchtigkeit arbeiten. Das war der Gesundheit überhaupt nicht zuträglich.

Später kultivierte man die Pilze in Kisten, die in mehreren Etagen gestaffelt angeordnet waren, dann kamen die größeren Stiegen und die Container. Irgendwann gab es auch Licht, aber kalt ist es immer noch.

Zwei Tonnen Kompost werden heute jede Woche gebraucht. Dieser wird sterilisiert und mit dem vorbereiteten, gezüchteten Myzel geimpft. Nach ein bis zwei Wochen sprießen die ersten Pilze, die nach einer weiteren Woche geerntet werden können. Sechs bis acht Wochen hält eine Kompostladung. Dann geht alles wieder von vorne los.

Da für die Zucht die Sterilisierung und absolute Sauberkeit notwendig sind, gehen wir davon aus, dass die Pilze in dem öffentlich zugänglichen Teil nicht für den Weiterverkauf bestimmt sind, sondern nur für den Eigenbedarf.

Champignons und andere Pilze
im „Troglo Le Saut aux Loups"

wunderschöne Gebilde
in der Welt der Pilze

Leicht durchgefroren und um Einiges schlauer verließen wir die Höhlen wieder. Wir hatten auf diesem Rundgang erfahren, dass Champignons sehr gesund sind, vor allem roh genossen. Sie sollten wirklich öfters auf den Tisch kommen, zum Beispiel roh in Salate geschnitten.

Draußen kamen wir uns dagegen nach der Kälte in den Kellern wie in einem Glutofen vor, es waren 35°C. Der Prospekt, den wir bekommen hatten, versprach uns, gefüllte Pilze aus dem Holzofen probieren zu können. Darauf hatten wir uns die ganze Zeit schon gefreut, doch leider blieb der Ofen kalt. Er ist eigentlich nur donnerstags in Betrieb. Kann man diese wichtige Tatsache nicht in den Prospekt schreiben? Die Hauptsache, die Leute werden erst mal her gelockt.

Von hier oben hat man einen sehr schönen Blick über das Loiretal.

Da müssen wir eben unterwegs sehen, ob wir ein schönes Plätzchen zum Kaffee trinken finden. Nach nicht einmal zehn Kilometern wurde das Klappern so stark, dass

57

wir nicht mehr weiter fahren konnten. Wir drehten um und suchten die Werkstatt in Saumur auf. Der Werkstattmeister fand schnell heraus, wo das Problem lag. Wie Klaus schon vermutet hatte, tippte er auf die Gelenkwelle, doch ein Ersatzteil hatte er nicht am Lager. Natürlich nicht, bei dem Alter des Busses. Wir haben eben ein schönes, aber ein altes Auto. Frühestens am Freitag sei das Teil da, aber da arbeitet keiner in dieser Werkstatt und dann wüsste er auch nicht, ob vielleicht noch mehr kaputt wäre. Also, vor Montag wird da nichts. Toll, am Montag müssen wir wieder arbeiten. So viel Zeit haben wir nicht.

Um das alles zu erfahren, half uns eine Kundin, die zufällig deutsch sprach, weil sie eine Weile in Bonn gelebt hatte.

Da wir so nicht weiter kamen, wollten wir von der Werkstatt aus den ADAC anrufen, doch es gab keine Leitung nach draußen. Das war sehr merkwürdig, eine Werkstatt ohne Telefonleitung nach draußen, so etwas kann es ja gar nicht geben.

Uns blieb nichts weiter übrig, als in Richtung Heimat weiterzufahren und den nächsten Campingplatz aufzusuchen, den wir in Chouzé fanden. An dem waren war vorhin schon einmal vorbei gefahren.

Als wir unseren Stellplatz bezogen hatten, mussten wir zu Fuß noch einmal los, denn wir brauchten dringend Wasser. Bei der Hitze nichts zu trinken zu haben, das können wir nicht machen. Der Weg in den Ort war ziemlich weit, ein halbe Stunde strammer Marsch, bevor die Geschäfte schließen. Wir waren völlig ausgetrocknet, als wir im Laden ankamen. Es war schon 19 Uhr.

Wieder auf dem Campingplatz zurück, telefonierten wir per Handy mit dem ADAC. Es war nicht mehr viel Guthaben auf der Karte und es dauerte eine ganze Weile, bis wir überhaupt jemanden an die Strippe bekamen, der zuständig war. Dann stellte man uns lauter unnütze Fragen, bis ich genervt meinte, dass unser Guthaben zu Ende geht und wir endlich eine Auskunft brauchten. Daraufhin sagte man uns, dass sie zurück rufen würden. Eine Weile später klingelte tatsächlich das Telefon und wir bekamen gesagt, dass morgen früh jemand kommen würde und uns in seine Werkstatt bringt. Wir wiesen darauf hin, dass wir schon in dieser Werkstatt waren, aber das interessierte am anderen Ende nicht, sie müssten sich selbst eine Meinung bilden.

herrliches Plätzchen am Ufer der Loire

romantische Loire

Zum Abendbrot machte ich Bratkartoffeln und schon war es fast wieder dunkel. Da der Campingplatz direkt an der Loire liegt, besuchten wir kurz einmal das Ufer des Flusses. Also schiffbar ist die Loire hier nicht, überall liegen Sandbänke im Flussbett. Außerdem scheint sie sehr flach zu sein. Überall lag Geröll am Ufer und wir fanden auf einen Quadratmeter gleich 3 Hühnergötter, die ich mit in den Bus nahm. Klaus bückte sich schon wieder und ich sagte, wenn er jetzt noch einen aufhebt, müsste ich den auch noch behalten.

Die Mücken waren recht aufdringlich, so dass wir den Abend abbrachen. Morgen müssen wir ohnehin wieder um 7 Uhr aufstehen, wegen des Abschleppdienstes, der sich für 9 Uhr angesagt hatte.

Während Klaus sich waschen ging, saß ich noch kurz draußen. Da besuchte mich eine Fledermaus und drehte mehrere Runden. Kurz darauf verschwand ich im Bus, die Mücken.

Nach dem Frühstück packten wir unsere Sachen zusammen, auch die Kiste von der Anhängerkupplung mussten wir im Bus verstauen, damit der Bus auf den Abschleppwagen aufgeladen werden kann. Vierzig Minuten nach 9 Uhr war der Abschlepper endlich da. Klaus fuhr mit ihm und dem Bus eine Runde, damit das Klappern wieder auftritt. Es dauerte eine ganze Weile, bis sie zurück kamen und der Bus sah aus, als wären sie durch eine Schlammgrube gefahren. Ein Geräusch gab es währenddessen nicht und der Bus wurde aufgeladen. Wir waren der Meinung, dass die Werkstatt nicht weit weg sein würde, doch der Mann fuhr über zwanzig Kilometer mit uns ins Hinterland. Hätten wir das gewusst, wären wir hinter ihm her gefahren. Dabei wäre das Geräusch sicher wieder aufgetreten, aber jetzt war es zu spät.

In Nerviller oder so angekommen, kam der Bus auf die Bühne, doch der Werkstattmeister fand keinen Fehler. Also wieder runter und eine weitere Runde drehen, wieder ohne Ergebnis. Ein weiteres Mal waren wir der Verzweiflung nahe. Was sollen wir nur machen? Wir wiesen wieder auf die Werkstatt in Saumur hin, die wissen, was der Fehler ist, das wollte jedoch keiner hören.

Jetzt riefen wir noch einmal den ADAC an und baten mehrere Male, in Saumur anzurufen. Es führte kein Weg dort hin. Der Bus kam noch einmal auf die Bühne, doch nach Meinung des Werkstattmeisters war der Zustand des Busses „excellent".

Uns blieb jetzt nichts weiter übrig, als einzusteigen und Richtung Heimat zu fahren, soweit wir eben kommen. Den ADAC richteten wir schon darauf ein, dass wir uns spätestens nach fünfzig Kilometern wieder melden würden, denn der Schaden ist nun einmal da.

Wir fuhren auf die Autobahn und fuhren und fuhren und ...fuhren. Das Geräusch tauchte zwar mehrmals leise auf, verschwand aber immer wieder. Stunde um Stunde verging, nur zum Tanken und Pinkeln hielten wir an.

Dann fielen mir die drei Hühnergötter wieder ein, die wir mit uns führten und ich hoffte mit jedem Kilometer mehr, dass sie uns helfen werden.

Nach zehn Stunden erreichten wir unser zu Hause und waren fertig. Unterwegs hatte es noch dazu die meiste Zeit geregnet. Die vier Schlösser der Loire, die ich für unseren Besuch ausgewählt hatte, habe ich stilisiert auf den braun-weißen Tafeln an der Autobahn gesehen. Da kann man eben nichts machen. Mehrmals überquerten wir auf unserem Weg die Loire, die immer noch flach und voller Sandbänke ist. Es fahren ja die Ausflugsschiffe zu den Schlössern der Loire. Wie soll das gehen? Wir haben erfahren, dass die Loire der einzige Fluss Frankreichs ist, der nicht umgebaut wurde. Er fließt noch immer so, wie die Natur ihn geschaffen hat.

Nachwort:

Trotz der vielen Probleme mit dem Bus haben wir das Bestmögliche aus diesem Urlaub gemacht. Die Ziele in der Bretagne, die wir uns ausgesucht hatten, haben wir gesehen. Aus Zeitgründen konnten wir auch diesmal nicht alles sehen, was die Bretagne zu bieten hat. Es wird immer Dinge geben, die man nicht sehen kann. Das ist nun mal so.